**rowohlts monographien
begründet von Kurt Kusenberg
herausgegeben von
Wolfgang Müller**

Johannes XXIII.

mit Selbstzeugnissen
und Bilddokumenten
dargestellt von
Helmuth Nürnberger

Rowohlt

Für Franziska

Dieser Band wurde eigens für «rowohlts monographien» geschrieben
Den Anhang besorgte der Autor
Herausgeber: Beate Kusenberg und Klaus Schröter
Assistenz: Erika Ahlers
Umschlaggestaltung: Werner Rebhuhn
Vorderseite: Johannes XXIII. bei einem Empfang
für Kardinäle und Prälaten am Neujahrstag 1960
Rückseite: Turm und Ruine von S. Giovanni Battista,
der alten Pfarrkirche von Sotto il Monte

Veröffentlicht im Rowohlt Taschenbuch Verlag GmbH,
Reinbek bei Hamburg, April 1985
Copyright © 1985 by Rowohlt Taschenbuch Verlag GmbH,
Reinbek bei Hamburg
Alle Rechte an dieser Ausgabe vorbehalten
Satz Times (Linotron 202)
Gesamtherstellung Clausen & Bosse, Leck
Printed in Germany
1090-ISBN 3 499 50340 9

2. Auflage, 9.–10. Tausend April 1992

Inhalt

Bruder Papst   7
«Unter dem Berge» 7 / Eine Ansprache 10 / «Un uomo concreto» 14 /
Johanneisches Aggiornamento 20 / Papst des Übergangs 24 / «Gehorsam und
Frieden» 29 / Liebe zur Geschichte 30 / «Das Geheimnis Roncalli» 33

Sotto il Monte   35
Die Roncalli. «Martinshaus» 35 / Land Manzonis 37 / Eltern und
Verwandte 39 / Angelo. Schulbänklein auf italienisch 45

Bergamo und Rom   50
Die Stadt auf dem Berge 50 / Das Seminar 52 / Rom. Das Apollinare 54 /
Bischöflicher Sekretär 61 / Lehrtätigkeit und Modernismusstreit 65 /
Krieg und Nachkrieg 71 / Wieder in Rom 73

Im Osten   77
Bischofsweihe 77 / «Roncalli der Bulgare» 80 / Istanbul 85

Paris und Venedig. Die Sedisvakanz   89
Nuntius in Frankreich 89 / Kardinal und Patriarch von Venedig 96 /
Politik in Italien 100 / Das Ende einer Epoche 104 / «Stirbt der Papst,
macht man einen neuen» 107 / Am Grab des Baronius 110 / Konklave 112 /
Der Name Johannes 113

Der Pontifikat   115
Krönungshomilie und «dolce stil nuovo» 115 / Konzilsankündigung 119 /
Pastorales Wirken und Lehrtätigkeit 122 / Konzilseröffnung. Kuba-Krise 126 /
«Pacem in Terris» 130 / Leiden und Tod 132 / Beisetzung.
Geistliches Testament 135

Anmerkungen   139

Zeittafel   147

Zeugnisse   149

Bibliographie   151

Namenregister   157

Über den Autor   160

Quellennachweis der Abbildungen   160

Kardinal Roncalli in seinem Arbeitszimmer in Venedig

Bruder Papst

Sotto il Monte, der Name des Geburtsorts von Johannes XXIII., bedeutet «unter dem Berge»; als man den Papst zur Krönung in die Petersbasilika trug, erinnerte er sich daran, wie er auf den Schultern seines Vaters hinaufritt zu der alten Kirche San Giovanni Battista, die auf der Anhöhe über dem einstigen Bauerndorf liegt. Der sprechende Name, die überraschende Verknüpfung sind Bild und Zeichen zugleich. Wenn der Papst von der Kirche sprach, hat er gern die traditionelle Wendung von der «Stadt auf dem Berge» gebraucht, und am Ende der Vorbereitung auf das Konzil sah er, wie er in privaten Aufzeichnungen notierte, den «Fuß des heiligen Berges» erreicht.[1]* Natur und Übernatur erscheinen bei ihm wie selbstverständlich verbunden. Es ist eine lockende, anspruchsvolle Aufgabe, davon zu erzählen, wobei man sowohl an weite Ausblicke als auch an unzugängliche Felsen denken mag wie an die Gefahr, abzustürzen.

Die hier gegebene kleine Darstellung über Leben und Werk des 1963 verstorbenen Bergamasken – die erste über einen Papst in der Reihe rowohlts monographien – ist ohne wissenschaftliche Ambitionen geschrieben, stammt nicht von einem Theologen und kann neue Quellen nicht erschließen. Ebenso darf der Leser Analysen der vielgestaltigen und epochemachenden Ereignisse bis hin zum Zweiten Vatikanischen Konzil nicht erwarten. Schon bei dem Versuch einer Einführung in den Stoff stößt man an die durch den Umfang gezogenen Grenzen. Doch kann versucht werden, durch Auswahl und Anordnung den Blick auf das Wesentliche zu lenken: es hat sich in den Augen des Verfassers nicht verändert, obwohl inzwischen drei neue Pontifikate das Johanneische von der Gegenwart trennen. Das Erbe des Roncalli-Papstes ist von unveränderter Bedeutung – anders geworden ist nur die Perspektive, in der es angesichts sich verstärkender restaurativer Tendenzen erscheint. Den Vorwurf der Aktualitätshascherei wird, wer heute über den «kleinen weißen Elefanten» (Böll) schreibt, nicht mehr zu fürchten brauchen.

Es ist still geworden um Johannes XXIII. Während seines kurzen Pontifikats ist er nicht nur respektiert, sondern geliebt worden, wie vielleicht kein Papst vor ihm. Die «johanneische Wende» in der Geschichte der katholischen Kirche, an die sich so große Hoffnungen geknüpft haben, ist

---

* Die hochgestellten Ziffern verweisen auf die Anmerkungen S. 139f. – Zusätze oder Auslassungszeichen in eckigen Klammern stammen vom Verfasser.

untrennbar verbunden mit seiner ehrwürdigen Erscheinung. Soll man es beklagen, daß sich auch an ihm die Wahrheit eines römischen Sprichworts zu bestätigen scheint, es sei niemand so tot wie ein toter Papst? «Das Grab kann sein Erbe nicht behalten, der Tod den Geist nicht ersticken, den er unserer Zeit eingeflößt hat», sagte Kardinal Montini – als Nachfolger des Verstorbenen Paul VI. – beim Trauergottesdienst für Johannes XXIII. im Mailänder Dom. «Könnten wir den von ihm so meisterhaft auch für die Zukunft vorgezeichneten Weg verlassen? Man sollte annehmen: nein.»[2] Vielleicht ist das Beispiel, das Johannes XXIII. der Christenheit gegeben hat, abgelöst von seiner Person, bereits verwandelt wirksam in jeder neuen Stunde, die die Kirche immer wieder vor die Aufgabe stellt, dem lebendigen Christus zu folgen. Der Heiligsprechungsprozeß ist eingeleitet und weit fortgeschritten. Sobald Altäre auf seinen Namen geweiht sind, wird Johannes XXIII. den Gläubigen in einer neuen Weise gegenwärtig sein – oder fern.

Einfach und rein erscheint die Gestalt des Papstes, und doch erfordert sie für ihr Verständnis ein ungewöhnliches religiöses, historisches, soziales und psychologisches Interesse. Man mag sie intuitiv zu erfassen suchen; der ungeduldigen Verkürzung entzieht sie sich gewiß. Ebenso wäre in seinem Falle eine popularisierende Darstellungsweise besonders mißverständlich und auch unkünstlerisch. Sie lockerte und löste die Spannungen, die dem vorgestellten Bild Kraft und Elastizität geben. Sie wäre ohne Entschiedenheit. Die volkstümlichen Biographien, wie sie vor allem nach der Wahl eines neuen Papstes zu erscheinen pflegen, suchen ihren Schwerpunkt begreiflicherweise nicht in der unabhängigen Erörterung. Die Literatur jedoch ist autonom, und ihr Ziel ist, wie Stendhal es gefordert hat, «die Wahrheit, die bittere Wahrheit»[3]. Johannes XXIII. hat nicht von einer bitteren, sondern von einer hoffnungsvollen Wahrheit für den Menschen gesprochen. Aber es war in seinem Munde nicht die Wahrheit der Zuckerbäcker.

Abgegrenzt auch gegenüber der vergröbernden, nicht verfälschenden Legende – sie hat ihr Recht für sich – wird die literarische Darstellung einem Anspruch genügen müssen, der anders geprägt, aber nicht minder streng ist als derjenige der Wissenschaft. Auch für sie gilt, daß Schwierigkeiten nicht beiseite geschoben werden dürfen. Den Maßstab bildet freilich nicht die Methode, sondern der Stil. Kein Imprimatur ist schützendes Netz oder Fessel.

Von Johannes XXIII. sind lehramtliche Schriften und Reden, pastorale Äußerungen aus der Zeit seines Wirkens als Priester und Bischof, diplomatische Adressen, einige wissenschaftliche Publikationen, zahlreiche Briefe und – singulärer Fall in der Papstgeschichte – ein geistliches Tagebuch sowie weitere persönliche Aufzeichnungen bekannt. Immer wieder gelangen bisher unbekannte Briefe zum Druck. Unveröffentlicht und noch in den vatikanischen Archiven verschlossen sind die Berichte, die er als Apostolischer Delegat und als Nuntius verfaßt hat. Die zugänglichen Quellen sind in einigen gründlichen Studien über Johannes XXIII. verwertet worden, denen ich – der Auffassung nach vor allem Hales,

Hebblethwaite und Willam – besonders verpflichtet bin. Die Entwicklungslinien, die vom jungen Angelo Roncalli zum Papst des Konzils führen, hat, neben De Luca, zuerst Willam dargestellt; Hales, vorbereitet durch sein Werk über Pius IX., hat das Neue im Pontifikat Johannes' XXIII. eindrucksvoll gezeigt; von Hebblethwaite finden vor allem seine Veröffentlichungen in der «Orientierung» Berücksichtigung; seine künftig grundlegende Biographie erschien während der Drucklegung der vorliegenden Arbeit.

Auch für mündliche Informationen habe ich zu danken. Für Unzulänglichkeiten und Fehler dieses von Sympathie getragenen Versuchs trage ich allein die Verantwortung – etwas anderes ist die Unterschiedlichkeit der Meinungen über diesen Papst und über die katholische Kirche, die auch unter Christen besteht und die respektiert werden sollte.

Freilich ist man sich über Papst Johannes XXIII. in mancher Hinsicht durchaus einig: seine Lauterkeit, Güte und evangelische Gesinnung sind von niemandem in Zweifel gezogen worden. Sie teilten sich den Zeitgenossen so unwillkürlich mit, daß man allenfalls von einem Wettstreit derer sprechen kann, die bemüht waren, den zutreffenden Ausdruck für seine ungewöhnliche Persönlichkeit zu finden. Dieses Bemühen gab auch profanen Stimmen Schlichtheit und Tiefe; es brachte in das interkonfessionelle Gespräch zuweilen einen Anflug von biblischem Humor.

«Er ging in der Gegenwart Gottes, wie gewöhnlich jemand durch die Straßen seiner Heimatstadt geht», schrieb die «Daily Mail»[4], während in einer kleinen evangelischen Zeitschrift zu lesen war (anknüpfend an die bekannte Überlegung, daß dieser Papst eigentlich als Platzhalter für einen anderen gewählt worden sei): «Was aber geschah? Nichts anderes als bei Sara ... Da, wo nach menschlichem Ermessen schon alles erstorben ist, kam neues Leben [...]»[5] Über den guten Christen Johannes ist längst alles, was sich aussprechen läßt, gesagt worden, und was noch zu tun bleibt, ist allenfalls (da die Gegenwart das Vergangene schnell vergessen macht), das Zeugnis derer zu wiederholen, die ihn gekannt haben.

Dagegen gab es bei der Beurteilung seines geistlichen Werdegangs, seiner Rolle als Papst und generell der Bedeutung seines Pontifikats für die Geschichte der Kirche schon bald sehr unterschiedliche Auffassungen und von Anfang an auch die, daß es sich bei Johannes XXIII. um einen theologisch unbedeutenden, politisch naiven Papst handelte, der zwar persönlich glaubwürdig war und sympathisch auftrat, die Tragweite seines Handelns als Bischof von Rom aber gar nicht überblickte. Manche der Lebensdarstellungen trugen unabsichtlich zu einem solchen Eindruck bei. Ihre Autoren waren es in der bereits bezeichneten Weise gewohnt, Konflikte und Umbrüche im Leben der Kirche und der Heiligen eher zu verhüllen als ins Licht zu stellen, und sie zeigten sich vor allem bemüht, den volksnahen, demütigen Pontifex als frommes Vorbild dem Gefühl nahezubringen. Gewiß haben sie den Ton weniger verfehlt als die Enthusiasten, die Johannes XXIII. in jeder Weise glorifizierten, aber indem sie den Menschen, den sie beschrieben, simplifizierten, machten sie den Papst problematisch.

Vierzig Jahre, klagte Kardinal Siri – so sagt man es ihm nach –, würden nicht ausreichen, den Schaden wiedergutzumachen, den Papst Johannes in nur vier Jahren der Kirche zugefügt habe.[6] Opposition – versteckte noch mehr denn offene – gab es genug wider Giovanni Ventitresimo, sie betraf tagespolitische Fragen, vor allem aber die religiösen Ziele, die er anstrebte: seinen Versuch, die Kirche zu «öffnen», das Potential widerstreitender Kräfte und Tendenzen, das in ihr enthalten war, freizusetzen für die künftige Entwicklung. Vor dem, was dann geschehen mochte, hatte er keine Angst.

Ohne einen Hauch heiliger Verrücktheit kann die Kirche nicht wachsen, pflegte er zu sagen.[7] Für viele Beobachter war es eine Überraschung, für manche Glaubensstrenge ein Ärgernis, daß es in dieser bislang monolithisch erscheinenden Kirche so stark differierende Meinungen überhaupt gab. Bei katholischen Schriftstellern ebenso wie bei Theologen hatte man allerdings schon früher Hinweise darauf finden können. «In welchem Grade man an Verschiedenes glauben kann, obwohl man derselben Religion angehört», hat François Mauriac gelegentlich geschrieben, «ist fürwahr des Nachdenkens wert.»

Abstand vom geläufigen Klischee gewinnt man am raschesten, wenn man liest, was Johannes XXIII. als Papst gelehrt hat, wobei man freilich unterscheiden muß zwischen solchen Dokumenten, für die er zwar verantwortlich zeichnete, die aber nur bedingt Ausfluß seines Denkens sind (*ich habe sie gelesen*, sagte er freimütig von einer seiner Enzykliken[8]), und anderen, die ganz oder überwiegend seine Handschrift zeigen. In diesen Texten – wenn es auch nicht immer leicht sein mag, sich in Stil und Gedankengang kurial geprägter Verlautbarungen hineinzufinden – wie in den Zeugnissen einer nicht formulierten Theologie, die sich in seinem Handeln aussprach, ist das Originelle und Charakteristische der Erscheinung dieses Papstes zu erkennen, das hier vor allem dargestellt werden soll.

Am Beginn steht der Versuch, ein Gesamtbild der Persönlichkeit zu entwerfen. Erst danach folgt die Erzählung der Kindheit in Sotto il Monte – sie wirkte prägend, ist aber nur bedingt individuell –, sodann die notgedrungen knappe Rekapitulation der zahlreichen Stationen eines langen Lebens, mit allem, was sie an Begegnungen und Erfahrungen brachten. Der Weg wird so kürzer, freilich nicht leichter; um das eingangs gebrauchte Wortspiel wiederaufzunehmen, auch er beginnt «am Fuße des Berges».

Angelo Giuseppe Roncalli, als Papst Johannes XXIII., dessen Existenz ganz und gar von seinem Glauben geprägt war, hat sich, wenn er vom Glauben sprach, gern auf den Propheten Jesaja (28,16) berufen: *«Wer glaubt, zittert nicht.»*[9] Gelegentlich aber hat die Erfahrung des Pontifikats ihn so tief beeindruckt, daß er andere, expressiv stärkere Ausdrücke wählte. Vom *Übermaß der empfangenen Gnade* spricht eine Eintragung des fast Achtzigjährigen im «Geistlichen Tagebuch», dem *Giornale dell'anima*, als einem *Geheimnis, das mich erzittern läßt und mich zugleich*

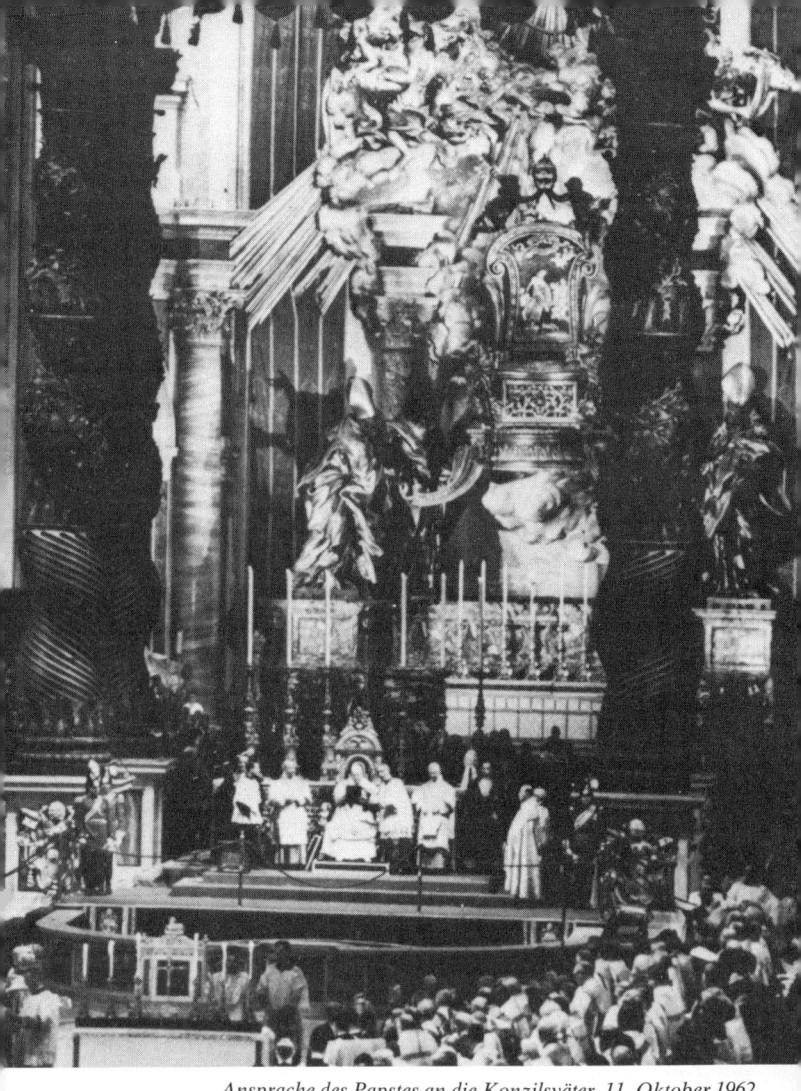

Ansprache des Papstes an die Konzilsväter, 11. Oktober 1962

bewegt. Im folgenden sagt er von Worten, die er selbst gebraucht, daß sie seine *persönliche Vorstellungskraft in jeder Hinsicht übersteigen*. Sehr oft sprach er in seinen Pontifikatsjahren von sich selbst als dem *Papst*. Während er fortfuhr in ignatianischer Weise[10], wie er es von Jugend auf gewöhnt war, die eigene Person in Demut und Geduld zu üben, traten ihm Bedeutung und Aufgabe des Papstes, der er selber war, zuweilen wie eine objektive Größe vor Augen. Sein Handeln ging aus seiner Kontemplation hervor und führte in sie zurück; da das geistliche Tagebuch aber vor allem von seinen Exerzitien berichtet und so gut wie nie von seinen Plänen (soweit es sich nicht um asketische Vorsätze handelt), kann sein Handeln auch für heutige Betrachter höchst überraschend wirken, so wie es ja auch von seinen Zeitgenossen wiederholt empfunden worden ist.

So notiert er am 14. August 1961 – die Vorbereitungen für das Konzil sind im vollen Gange – im Tagebuch als dritte von sechs *Maximen der Vollkommenheit*: *Um mein Lebensziel zu erreichen, muß ich [...] da ich von Gott berufen bin, und zwar gerade deswegen, vollkommen ruhig bleiben, bei allem, was die Kirche angeht, aber immer bereit, zu ihrem Wohl zu arbeiten und auch mit Christus für sie zu leiden.*[11] Es handelt sich um den *vollkommene*[n] *Einklang* von Wachen und Beten; am Vortag deutet er «*Wachet und betet!*» unter *Vorschläge für ein gutes Apostolat*: *Die Liebe betet, der Verstand wacht.*[12] Der Papst soll sich nicht sorgen, was aus der Kirche wird, das soll er Gott überlassen, aber auch mit höchster Geistesgegenwart handeln, wenn es geboten ist ... Vor Beginn des Konzils zog Johannes XXIII. sich zu einer Woche privater Einkehr in den Turm San Giovanni zurück. Er erwähnt in seinen Aufzeichnungen über diese Woche, die nicht so ungestört verlief, wie er es gewünscht hatte, auch die Vorbereitung auf die Eröffnungsansprache, die alle Welt von ihm erwartete, aber nichts über deren Inhalt. Rückblickend betrachtet erscheint diese Ansprache als das kirchengeschichtlich wichtigste Ereignis seines Pontifikats.

Umrahmt wurde die Rede von einer überaus festlichen Zeremonie, der vielleicht eindrucksvollsten Selbstdarstellung der Kirche in ihrer langen Geschichte. Der Papst begann mit den Worten: *Gaudet Mater Ecclesia* («Es jubelt die Mutter Kirche»), wandte sich aber Problemen und Aufgaben des Tages bald so nachdrücklich zu, daß die vom Glanz der Liturgie bezauberte und vielleicht auch schon ermüdete tausendköpfige Versammlung – der Mehrzahl nach Bischöfe – spürbar überrascht wurde:

In der täglichen Ausübung unseres apostolischen Hirtenamtes geschieht es oft, daß bisweilen Stimmen solcher Personen unser Ohr betrüben, die zwar von religiösem Eifer brennen, aber nicht genügend Sinn für die rechte Beurteilung der Dinge noch ein kluges Urteil walten lassen. [...] Sie reden unablässig davon, daß unsere Zeit im Vergleich zur Vergangenheit dauernd zum Schlechteren abgeglitten sei. Sie benehmen sich so, als hätten sie nichts aus der Geschichte gelernt, die eine Lehrmeisterin des Lebens ist, und als sei in den Zeiten früherer Konzilien, was die christliche Lehre, die Sitten und die Freiheit der Kirche betrifft, alles sauber und recht zugegangen. – Wir aber sind völlig anderer Meinung als diese Unglückspropheten. [...] In der gegenwärtigen Entwicklung der menschlichen Ereignisse, durch welche die Menschheit in eine neue Ordnung einzutreten scheint, muß man viel eher einen verborgenen Plan der göttlichen Vorsehung anerkennen. Dieser verfolgt mit dem Ablauf der Zeiten, durch die Werke der Menschen und meistens über ihre Erwartung hinaus sein eigenes Ziel [...][13]

«Als die Anwesenden diese Worte hörten», erzählt ein Berichterstat-

Papst Pius XII. mit Joseph Kardinal Frings (links) und Julius Kardinal Döpfner (rechts), den Vertretern des deutschen Episkopats im Konklave

ter, «richtete sich ihre Aufmerksamkeit unwiderstehlich auf das Gesicht Kardinal Ottavianis, des Sekretärs der Kongregation vom Heiligen Offizium, der rechts neben dem Papst saß; weiter auf das Gesicht des achtundsiebzigjährigen Erzbischofs Enrico Dante, des päpstlichen Zeremonienmeisters, der einen halben Schritt links hinter dem Papst saß; auf Kardinal Siri von Genua und Kardinal Ruffini von Palermo [...], auf Pietro Parente, den Assessor des Heiligen Offiziums; auf Dino Staffa von der Kongregation für Seminare und Universitäten [...]»[14] Johannes XXIII. fuhr fort:

Die Hauptaufgabe des Konzils liegt darin, das heilige Überlieferungsgut (depositum) der christlichen Lehre mit wirksamen Methoden zu bewahren und zu erklären. [...]

Doch es ist nicht unsere Aufgabe, diesen kostbaren Schatz nur zu bewahren, als ob wir uns einzig und allein für das interessieren, was alt ist, sondern wir wollen jetzt freudig und furchtlos an das Werk gehen, das unsere Zeit erfordert, und den Weg fortsetzen, den die Kirche seit zwanzig Jahrhunderten zurückgelegt hat.

Es ist auch nicht unsere Sache [...] *die Lehre der Väter wie der alten und neueren Theologen weitläufig zu wiederholen, denn Wir glauben, daß Ihr diese Lehren kennt und sie Eurem Geiste wohl vertraut sind. Denn für solche Disputation mußte man kein Ökumenisches Konzil einberufen. Heute ist es wahrhaftig nötig, daß die gesamte christliche Lehre ohne Abstrich in der heutigen Zeit von allen durch ein neues Bemühen angenommen werde.* [...] *Ja, diese sichere und beständige Lehre, der gläubig zu gehorchen ist, muß so erforscht und ausgelegt werden, wie unsere Zeit es verlangt. Denn etwas anderes ist das Depositum Fidei oder die Wahrheiten, die in der zu verehrenden Lehre enthalten sind, und etwas anderes ist die Art und Weise, wie sie verkündet werden, freilich im gleichen Sinn und in derselben Bedeutung.* [...] *alle Gründe müssen erwogen werden, um die Fragen zu klären, wie es einem Lehramt entspricht, dessen Wesen vorwiegend pastoral ist.*[15]

Von einer «unvergeßlichen Ansprache» hat Kardinal Döpfner berichtet, womit er dem Empfinden vieler der in der Konzilsaula Anwesenden Ausdruck gab. Manche mochten die Urheberschaft für diese Rede dem Papst nicht allein zuschreiben: sie sei nicht «ultra-montani», sagte man unter Theologen – die offenbar nördlich der Alpen zu Hause waren –, sondern «ultra-Montini», unter Mitwirkung des Mailänder Erzbischofs entstanden.[16] Das ist aus der bis dahin vorherrschenden Unsicherheit heraus zu verstehen. Die Einberufung des Konzils durch den Papst bald nach seiner Wahl hatte, wie anderes in seinem Auftreten und Handeln, wie eine Sensation gewirkt, aber über Inhalt und Ziel dieser Versammlung war zunächst noch nichts wirklich entschieden. Das wurde durch die Arbeit der Vorbereitungskommissionen, deren Ergebnisse allein wegen ihrer Quantität unüberschaubar und unbestimmt blieben, zuweilen sogar offensichtlich im Gegensatz zu den Intentionen des Papstes standen[17], nur allzu deutlich. Der Papst selbst schien in seiner Meinung zu schwanken, und das Vorbild der von ihm abgehaltenen römischen Diözesansynode schreckte ab. Dagegen ermutigte die päpstliche Eröffnungsrede die auf eine Reform der Kirche zielenden Kräfte im Episkopat, gab dem Konzil die Richtung und ließ so, weit über das Persönliche hinaus, die epochale Bedeutung dieses Papstes erkennen – der als ein der Weltöffentlichkeit weitgehend Unbekannter, mit 77 Jahren, gewählt worden war.

Der neue Papst nannte die ersten Biographien, die über ihn erschienen waren, vortrefflich; er bedauerte allerdings, daß sie so wenig mit ihm zu tun hätten. Was mag in dieser Äußerung überwiegen: der Bescheidenheitstopos (der Papst war um franziskanische Schlichtheit sehr bemüht), die höfliche Kritik an den Büchern oder der im Hintergrund versteckte Witz? Einem Bischof, der während einer Audienz im Vatikan über seine Hirtensorgen klagte, hörte Johannes XXIII. zunächst geduldig zu; schließlich aber schaltete er sich ein, sprach von seinen Sorgen als Bischof von Rom und schloß: *Wenn es mir zu bunt wird, sage ich mir: Ach, Angelo, nimm dich nicht so wichtig.*[18] Der alte Mann nannte sich unbefangen bei seinem Kindernamen, sicherlich mit voller Absicht. Als ihm einmal bei einer Visite in einem römischen Krankenhaus ein kranker Junge zurief: «He, Papst, wie heißt du eigentlich?» antwortete er: *Als Kind nannte man mich Angelo; beim Militär kommandierte man mich Giuseppe, und jetzt heiße ich Johannes.*[19] Ist der Heilige Geist, wie Karl Barth behauptet hat, ein Geist des Humors, so wird man folgern dürfen, daß der XXIII. Johannes gelegentlich mit diesem Geiste Zwiesprache gehalten hat.

Unzählige Anekdoten, Späße und kleine Stegreifpredigten gehen unter dem Namen des «guten Papstes» («il papa buono») und haben seinerzeit wesentlich mitgeholfen, ihn in aller Welt populär zu machen. Nunmehr, da seine Gestalt in den Schatten der Geschichte einzutauchen beginnt, sind sie vielerorts das einzige, was man von ihm noch weiß. Eine Darstellung dieses Papstes «mit Selbstzeugnissen» kann sich nicht auf Äußerungen aus offiziellem Anlaß sowie auf die privaten schriftlichen Quellen beschränken. Sie muß vielmehr versuchen, auch das Fluidum der Persönlichkeit zu berücksichtigen, wie es bei diesem Italiener gerade im gesprochenen Wort spürbar wurde. Der Reichtum, der sich damit dem Biographen fast mühelos erschließt, verursacht freilich auch Unsicherheit, weil oft unbestimmt bleibt, was von den Geschichten um Johannes XXIII. authentisch ist.[20] Nicht wenige von ihnen werden zudem in unterschiedlichen Versionen erzählt, wodurch zwar nicht das Gemeinte, aber doch dessen Akzentuierung verändert erscheint.[21]

Gewiß war ein ins Auge fallender Zug des Papstes sein Sinn für Pietät und Formen, so daß eine Darstellung, die Distanz vermissen ließe, ihn verfehlen müßte. Anmaßend wäre es aber, die seinerzeit schnell entstandene (und bis zu einem gewissen Grad nicht an die Person gebundene) Popularität nur kritisch zu sehen. Roncalli hat für die Buchstaben «pp» (= papa pontifex) des päpstlichen Namenszuges (Johannes pp XXIII) die scherzhaft-bedeutsame Auflösung gefunden: *partito popolare* (Volkspartei).[22] Menschen unterschiedlicher Herkunft und Prägung erkannten ihn, wie er es wünschte, als einen der Ihren. Eine Abordnung von 53 Rabbinern, die er in Audienz empfing, begrüßte er mit ausgebreiteten Armen und mit einem Wort aus der Genesis: *Ich bin Joseph, euer Bruder.*[23] An anderer Stelle ist überliefert, er habe diese Worte gebraucht, als er die erste Huldigung der Kardinäle nach der Wahl entgegennahm.[24] Auch in der Krönungshomilie und in der Antrittsenzyklika *Ad Petri Cathedram* kehren sie wieder.

Geschichten machen Geschichte. Die Kundgebungen seiner Sympathie wurden gerade von den kleinen Leuten schnell verstanden. Der Volkswitz antwortete ihm. «Jonnie Walker» nannten die Amerikaner den Papst, der spazierenging, die Römer «Giovanni fuori le mura» (Johannes vor den Mauern). Das war mehr als nur Anspielung auf päpstliche Ausflüge, darin äußerte sich auch spontanes Verständnis für das *aggiornamento*, die Bereitschaft des Papstes und der von ihm geleiteten Kirche, die Menschen dort zu suchen, wo sie wirklich waren, unter Verzicht auf den Schutz durch die eigenen, zur Verteidigung gezogenen Grenzen. (Im eigentlichen Wortsinn bezog es sich auf die Namen von Kirchen, die vor den mittelalterlichen Mauern der Städte lagen.) Auch machten die Rö-

mer aus dem «papa di passagio» (Übergangspapst) den «papa di passeggio» (Spaziergangspapst)[25] – Wortspiele dies alles und doch Ausdruck einer veränderten Atmosphäre. Der Bischof der so wenig kirchenfrommen Diözese Rom folgte wie der gute Hirte seinen Schützlingen so weit er es vermochte. Darin liegt der pastorale Sinn seines Auftretens. Die Anekdoten von und über Roncalli sind im einzelnen unzuverlässig, insgesamt jedoch helfen sie, seine komplexe Persönlichkeit zu erkennen.

Bleibt das Verschlossene des homo religiosus, der undurchdringliche Kern. 1968 plante Wolfgang Hildesheimer ein Buch über Roncalli, gab den Versuch aber «aus Gründen der allzu fernliegenden Materie» auf und veröffentlichte nur ein Fragment («Exerzitien mit Papst Johannes»). In der Dreiecks-Konstellation Gott–Papst–Autor, von der Hildesheimer ausging, ist, wie er schreibt, «dieser Papst für den Autor weniger faßbar als Gott für den Papst»[26]. Knapper läßt sich das Dilemma der Literatur in solchem Zusammenhang nicht formulieren. So bleibt nur übrig, gelegentlich Worte zu wählen, die nicht «fassen» oder erklären wollen, sondern die nur benennen; die Erfahrung des Lesers wird manchmal zu ergänzen vermögen, was den Worten fehlt.

Roncalli lebte eine sehr zeit- und regionsgebundene Frömmigkeit, die in mancher Hinsicht heute so altmodisch geprägt erscheint, daß die Lektüre seines geistlichen Tagebuchs auch Befremden und Ratlosigkeit wecken konnte. Viele erkannten «ihren» Papst in diesen Aufzeichnungen nicht. Er war aber auch ein weltkundiger römischer Prälat, der gelernt hatte, mit äußeren Ehren in unbefangener Weise umzugehen und hohe kirchliche Ämter mit schlichter Würde auszufüllen. *Ich möchte zu euch mit größtem Freimut sprechen*, begrüßte er 1953 die Venezianer nach sei-

Der Papst bei einer seiner Stegreifansprachen, Ostern 1963

nem glanzvollen Einzug in die Lagunenstadt, zu deren Patriarchen er soeben eingesetzt worden war. *Man hat euch Dinge von mir erzählt, die meine Verdienste bei weitem übertreffen. Voller Demut darf ich mich vorstellen. Ich bin ein Mensch wie jeder andere auf dieser Erde. Ich stamme aus einer Familie und von einem bestimmten Ort. Mir ist die Gnade einer guten körperlichen Gesundheit verliehen, ein bißchen gesunder Menschenverstand, der mich die Dinge rasch und deutlich erkennen läßt und eine Neigung zur Menschenliebe.*[27] Er hing an seinem heimatlichen Dorf und an der Stadt seiner Jugend, Bergamo, ein Leben lang, aber den Venezianern wurde er Venezianer, wie er den Bulgaren Bulgare gewesen war – *Roncalli il Bulgaro*[28], ein selbstgewählter Name, in dem aber auch Spott lag, eifersüchtiger Vergleich mit dem berühmteren Scipio il Africano. Roncalli kannte noch die körperliche Arbeit auf dem Lande, dagegen nur wenig die moderne Welt der Industrie. Er war von Pius XI. in den diplomatischen Dienst versetzt worden, und er hatte sich darin behauptet. Erst im hohen Alter hatte man ihm, der nie Gemeindepfarrer gewesen war, eine Diözese gegeben. Er war ein eifriger (Kirchen-)Historiker, und er gewann der Geschichte wesentliche Einsichten ab. Dennoch blieb, durch die Umstände bedingt, seine historische Bildung lückenhaft. Es ist ihm nicht zu Bewußtsein gekommen, daß er, der seinem Vorgänger Pius IX. jede Reverenz erwies und dessen Gegner Mazzini gelegentlich kritisierte – wie Hales gezeigt hat –, in *Mater et Magistra* und in *Pacem in Terris* gerade die Gegenposition zu Pius IX. einnahm und sich praktisch als Erbe Mazzinis erwies.[29] Er kannte nur wenig an moderner Theologie, aber er unternahm es, in der Kirche einen grundlegenden Veränderungsprozeß ins Werk zu setzen, und von dem mächtigen Sekretär des Heiligen Offiziums sagte er, der im Staatssekretariat einst nachsichtig belächelte «gute Roncalli» («il buon Roncalli»[30]): [...] *der Kardinal Ottaviani? Der hat seinen Kinderglauben.*[31] Seine väterliche Natur, sein priesterliches Bewußtsein waren immer spürbar. Mit einem intuitiven Verständnis für Menschen begabt, strahlte er Kraft, Wohlwollen, Güte aus. Seinen Optimismus erklärte er den Kardinälen mit seinem Namenspatron, dem hl. Joseph, von dem er, wie von anderen Himmelsmächten, in einer ganz unmittelbaren Weise sprechen konnte; insofern gab sein Kinderglaube dem von Kardinal Ottaviani wenig nach. Dem Wesen nach war Optimismus für ihn vor allem Vertrauen: *Wir glauben zuversichtlich an das Wirken Gottes im Gewissen des einzelnen Menschen und an seine Gegenwart in der Geschichte.*[32] Ge-

Kardinal Ottaviani

Auf dem Petersplatz

messen an seinem Vorgänger und an seinem Nachfolger im Petrusamt wirkt er fast archaisch. Es war mehr als nur eine Äußerlichkeit, daß er den camauro wieder einführte, die seit Jahrhunderten ungebräuchliche Papstkappe, die an einen Renaissance-Papst denken ließ und nach seinem Tod sogleich wieder abgeschafft wurde.

Er besaß durchdringenden Witz. Nach Erzbischof Montini, in dem er seinen Nachfolger erblickte und dem er als erstem den Purpur verliehen hatte – der also seine «prima creatura» war, wie die Italiener sagen –, fragte er mit den Worten: *Wie geht es denn unserem Hamlet, dem Herrn Kardinal?*[33] Zu einem jungen ausländischen Priester, der bestrebt war, im Vatikan einen guten Eindruck zu machen, soll er gesagt haben: *Mein lie-*

Der Papst und Kardinal Montini, August 1962

ber Sohn, mach dir doch nicht so viele Sorgen. Du kannst versichert sein, daß dich Jesus beim Jüngsten Gericht nicht fragen wird: Und wie bist du mit dem Heiligen Offizium ausgekommen?*[34] Einem Politiker, der Wahlen verloren hatte, sagte er tröstend, in der Politik ginge es auf und ab, es gäbe nur *drei Arten, sich wirklich zu ruinieren: die Frauen, das Spiel und die Landwirtschaft*; sein eigener Vater habe seinerzeit *das Langweiligste von den dreien gewählt.*[35] Als man ihn vor Chruschtschow als einem gefährlichen Mann warnte, dem man nicht über den Weg trauen dürfe, weil er ein reiner Zyniker sei, antwortete er: *Ich kenne diesen Bauernjungen, glauben Sie mir: ein reiner Zyniker ist er nicht.*[36] Er kannte den Generalsekretär persönlich nicht, wohl aber den Bauernjungen, der er selber war.

Roncalli war klar geprägt in seinem Wollen; in seinen Anlagen verbargen sich auch Widersprüche. Er wußte auch diese fruchtbar zu machen, denn er ging immer vom Wirklichen aus, «un uomo concreto», wie ihn De Luca genannt hat.[37]

Ein Pragmatiker mithin, fest wie die Türme, die sein Leben begleitet haben: der Turm der alten Pfarrkirche in Sotto il Monte, der Turm in seinem Wappen, der Johannesturm im Vatikan, den er als Meditationsstätte für sich herrichten ließ – aber sein Wirken als Papst ruft Vorstellungen von Dynamik, nicht von Statik wach: Öffnung, Anpassung, Wandel, Übergang – Bilder mit fließenden Grenzen. Es sind Ausdeutungen des Wortes *aggiornamento*, das Johannes XXIII. in der Kirche zu Ehren brachte. Es war nicht das Wort, das er am häufigsten verwendete, aber kein anderes setzte so viele Energien frei. Die Bemühungen um die Einheit der Christen, um mehr soziale Gerechtigkeit und um den Frieden, kirchenpolitische Leitlinien des johanneischen Pontifikats, empfingen von der erneuerten Aktivität der Gläubigen zumindest Impulse. Hales hat aggiornamento angelsächsisch knapp: «Modernisierung der Kirche» genannt.[38] Es war ein lange erwartetes, schon bald kraftvoll und gefährlich dahinströmendes Wort, dem die kirchliche Autorität später wiederholt ein festes Bett zu graben suchte. Paul VI. hat vor ihm gewarnt, soweit man sich seiner in einer der Absichten Johannes' XXIII. nicht entsprechenden Weise bediene, aber er hat es sich doch zu eigen gemacht mit einen Hinweis «auf den wandelbaren und erfahrbaren Aspekt des Mysteriums der Erlösung».

Das Christentum besitzt eine endzeitliche Verheißung, die älter ist als die auf Veränderung zielenden Antriebskräfte der modernen Welt. Dieser jedoch hatten sich die Kirchen einst verschlossen, und besonders die institutionell am straffsten geformte, die römisch-katholische Kirche, hatte jahrhundertelang als eine Kraft abweisender und feindlicher Beharrung gewirkt. Natürlich gab es um 1950 viele Perspektiven, unter denen man ein so differenziertes Gebilde wie die römische Kirche betrachten konnte, was aber zunächst ins Auge fiel, war – und in diesem Urteil trafen sich Gläubige und Ungläubige –, daß man nichts Ungewöhnliches von ihr erwartete. Im Anschluß an den Zweiten Weltkrieg hatte man in einigen Ländern Europas vorübergehend eine Erneuerung der Religiosität und eine Hinwendung zur Kirche beobachten können. Die Kirche hatte das politisch zu nutzen gewußt, theologisch und pastoral jedoch erwies sie sich als nicht genügend vorbereitet. Die Erschütterungen des Krieges hatten die Kluft zwischen ihr und der säkularisierten Gesellschaft nicht ausgleichen können. Die Kirche schien überall begrenzt und definiert. Sie widerstand den modernen Sirenenklängen und verkündete die überkommene Lehre. Nüchtern berechnete sie ihre Chancen, wurde dabei aber mehr von Vorsicht als von Wagemut versucht. Wie viele beunruhigte Stimmen waren an dem altersgrauen Felsen Petri schon verhallt! Die Kirche blieb nicht unbeeinflußt vom modernen Leben, aber sie folgte ihm, wo überhaupt, mit Verspätung. Wer die Kirche in seine irdische Rechnung einsetzte – und das taten nicht wenige –, konnte sich auf sie verlassen. Ihre Dogmen, denen man mit respektvoller Verständnislosigkeit begegnete, waren dauerhaft, entschieden langlebiger als die der Erfahrungswissenschaften. Von Zeit zu Zeit wurde der Schatz der formulierten Wahrheiten um einen Satz ergänzt. So wurde 1950 die Glaubenswahrheit von der leiblichen Aufnahme Mariens in den Himmel verkündet, was, wie Pius XII. erklärte, «sehr viel beitragen werde zum Wohle der menschlichen Gesellschaft»[39]. Präziser als die positiven Aussagen der Kirche waren ihre Verurteilungen. Sie bewahrte auch von diesen eine spinnwebgraue Sammlung, und der theologische Laie konnte in den einschlägigen Büchern Namen und Dingen begegnen, von denen er nichts wußte, außer – nunmehr – daß sie verurteilt waren. «Wer den gottlosen Theodor von Mopsuestia verteidigt, der sei ausgeschlossen.»[40] Armer, vergessener,

Der Turm in den Gärten des Vatikans, in dem sich Johannes XXIII. einen Arbeitsraum einrichten ließ («Torre Giovanni XXIII»)

gottloser Theologe, den niemand verteidigen durfte! Sein Schatten diente der Abgrenzung des reinen Glaubens. In mehr zeitgebundenen Fragen versöhnte sich die Kirche zuweilen mit ihren Opponenten von gestern und machte dafür ihre jungen, kühnen Söhne mundtot. Die Kirche war unverrückbar in den Prinzipien, unermüdlich in der Lehre und nachsichtig in der Praxis, wenn das opportun war. Sie verteidigte das Privateigentum und rief zur Mildtätigkeit auf.

Die Kirche, das war die erhabene Monotonie der lateinischen Messe, über die Claudel geschrieben hat, der schwere Prunk der endlosen Hochämter, die Bernanos' Kindheit bedrückten, das Weiß der Erstkommunikantinnen, das militärische Zeremoniell der Fronleichnamsprozessionen und Eucharistischen Kongresse, schmerzverzückte und strahlende goldene Heilige, Gemurmel des Rosenkranzes vor dämmernden Altären. In der Diaspora und in den Missionen war die Kirche vergleichsweise arm und unscheinbar, gelegentlich trug sie wohl auch exotische Züge, überall aber strebte sie – nicht immer freiwillig – dem römischen Vorbild nach. In einigen kommunistischen Ländern wurde die Kirche verfolgt oder an ihren episkopalen Spitzen gelähmt. Die Kirche war Amt und Gehorsam, die Bildung ihrer Gläubigen lag meist unter dem Landesdurchschnitt, sie war unsagbar mittelmäßig in der Mehrzahl ihrer Presseerzeugnisse, neben ihren herrlichen Kunstschätzen hütete sie Kitsch, sie weckte Bitterkeit, und sie wurde geliebt.

Freilich war die Kirche immer, besonders aber um die Mitte des 20. Jahrhunderts, in tieferen Schichten anders als ihr Erscheinungsbild. Eine ungebundene Spiritualität suchte nach Ausdruck, fortschrittliche Kräfte rangen mit beharrenden, es gab differenziertes Selbstverständnis und ein lokal unterschiedliches Bewußtsein. So sehr abendländische Denkformen, römisches Recht und Disziplin in der Kirche dominierten, auch ganz Anderes und Gegensätzliches lebten in ihr.

Es ist wichtig, dies im Auge zu behalten. Viele der Reformen, die während des Pontifikats Johannes' XXIII. die Aufmerksamkeit der Welt auf sich zogen, wurden bereits von seinen unmittelbaren Vorgängern angebahnt. Manche Entscheidungen, die Johannes XXIII. traf oder zuließ, muten sogar eher wie Rückschritte an. So groß der Wesensunterschied zwischen ihm und Pius XII. war, es gab keinen Schwarz-Weiß-Gegensatz zwischen der pianischen und der johanneischen Kirche, mochte sich auch der Stil der päpstlichen Regierung ganz verändert haben. Die Impulse, die der neue Papst gab, wurden aufgenommen und weitergeführt von Bischöfen und Theologen, die in den vorangegangenen Jahrzehnten herangebildet worden waren. Unter Johannes XXIII. ereignete sich nur eine quantitative Veränderung, die jedoch einen Durchbruch bedeutete.

Es scheint sicher, daß der bestimmende Eindruck, den sich Christen und Nichtchristen von der römischen Kirche gebildet hatten, während des johanneischen Pontifikats, obwohl es das bis dahin kürzeste in unserem Jahrhundert war, vorübergehend wirklich gewandelt wurde. Zwischen 1958 und 1963 blickte man weltweit voller Staunen auf diese Kirche, die eine neue Jugend zu gewinnen schien, und das war überwiegend das Werk Roncallis, der selbst weit davon entfernt war, sich als einen Revolutionär zu betrachten, und natürlich auch nicht als ein solcher erscheinen wollte. Er griff vielmehr, gelegentlich in eher unbestimmter Weise, auf Vergangenes zurück und zeigte, daß die Tradition – wie schon bei früheren Reformationen – für die Kirche einen revolutionären Zündstoff enthält. Er selbst schien gelegentlich unsicher, und doch gingen Vertrauen und Zuversicht von ihm aus. Begeisterung, eine Art Euphorie beherrschte viele, die sich bereit zeigten, dem «unverhofften Lehrmeister» zu folgen.[41] Es schien wieder eine reale Möglichkeit, daß die Kirche es lernen könne, mit der glaubenslosen Welt zu sprechen und ihren alten Auftrag an die Menschen in veränderter Weise zu erfüllen. Inmitten der außerordentlichen Bewegung, die er verursacht hatte, ging der Papst selbst mit betonter Zurückhaltung seinen Weg. Durch den von ihm gefundenen Stil interpretierte er das anstößige Petrusamt als evangelischen Dienst. Dabei handelte es sich oft um scheinbar unbedeutende Kleinigkeiten, menschliche Selbstverständlichkeiten fast, die er aber liebenswürdig mit Leben erfüllte.

Aus einer seiner Biographien, die für eine Übersetzung ins Deutsche bestimmt war, strich er selbst alle Beiwörter heraus, die ihn und seinen Pontifikat schmückten.[42] Dem Chefredakteur des «Osservatore Romano» verbot er alle panegyrischen Floskeln sowie das Knien während der Audienz. Er lehnte es ab, allein zu speisen, und lud Gäste zu Tisch. Von seinem Ornat sagte er: *Ich bin ja angezogen wie ein persischer Satrap.*[43] Anscheinend machten ihn die Elemente barocker Hofhaltung in der ihm auferlegten Lebensform zuweilen nervös. Vor allem wollte er ein Beispiel geben. Zu dem neuen Bild des Papsttums, das ihm vorschwebte, gehörte aber auch, daß man in anderer Weise als bisher über die Päpste schrieb. Natürlichkeit und Lebenserfahrung wiesen ihn in die gleiche Richtung.

Doch dabei handelt es sich fast nur um Marginalien neben anderem, das damals, im ersten Jahr seines Pontifikats, in Rom geschah. Der Papst besuchte Krankenhäuser und das Gefängnis «Regina Coeli» (26. Dezember 1958). Unbefangen plauderte er den Häftlingen vor, einer seiner Verwandten sei auch eingesperrt worden, wegen Wildfrevel. Als ein Mörder ihn fragte, ob sein Segen auch für ihn gelte, umarmte er ihn schweigend.[44] Folgenreich wurde die Begegnung mit einem vatikanischen Gärtner, der, als er den Papst kommen sah, wie die übrigen Arbeiter sich eilends entfernte. So war man es von Pius XII. her gewöhnt, der bei seinen Spaziergängen allein sein wollte. Papst Johannes erwischte den vor Schreck fast Zitternden schließlich doch. «Er sagte zu ihm: *Aber lieber Freund, Sie brauchen doch schließlich keine Angst zu haben. Ich bin ein richtiger Mensch, das kann ich Ihnen sagen.* Da wurde der Gärtner lockerer. Er mußte von sich erzählen, von seiner Frau, seinen Kindern, vom schwierigen, geldknappen Monatsende. So kam es schließlich zu einer Erhöhung der Löhne für das Personal...»[45] Als man dem Papst erklärte, wenn man die Gehälter erhöhe, müsse man die Liebestätigkeit des Vatikans einschränken, antwortete er ungerührt, dann müsse man sie eben einschränken, denn Gerechtigkeit gehe vor Caritas.

Das wollte er sein: der gute Hirte. Fünf Pontifikate hatte der Siebenundsiebzigjährige selbst erlebt. Leo XIII., Pius X., Benedikt XV., Pius XI. und Pius XII. waren ihm vorangegangen. Unterschiedliche Charaktere, die sie waren, hatten sie ihr Amt auch in verschiedener Weise ausge-

Der Papst besucht das römische Gefängnis «Regina Coeli», 2. Weihnachtstag 1958

übt. *Jedes Pontifikat erhält seine Züge und sein Gesicht von dem, der es verkörpert und ihm seine Eigenart aufprägt*, erläuterte er in der Krönungshomilie.[46] Freilich blieb dabei ein zeittypisches Grundmuster bestimmend, wie es durch die neue Stellung des Papsttums in der Welt seit dem endgültigen Untergang des Kirchenstaates 1870 und seit den Beschlüssen des Ersten Vatikanums vorgezeichnet war. In ihrer weltlichen Souveränität zunächst völlig entmachtet, seit den Lateranverträgen auf den winzigen Vatikanstaat beschränkt, hatten die Päpste an geistlicher und jurisdiktioneller Macht innerhalb der Kirche noch gewonnen. Unter Pius XII., Roncallis unmittelbarem Vorgänger, der die Kirche wie ein Alleinherrscher regierte, hatte sich, zumal in Rom, ein neuer Byzantinismus ausgebreitet. Der Umschlag im Urteil der Welt fiel daher bei ihm nach seinem Tode um so heftiger aus. Zwischen den vorzeitigen «Heiligsprechungen» der Herrschenden durch wohlmeinende und liebedienerische Autoren, den «Enthüllungen», die darauf zuweilen folgen und den bilanzierenden Darstellungen der Kirchengeschichte, die mit großem zeitlichem Abstand zu erscheinen pflegen, gab (und gibt) es kaum eine Vermittlung.

Johannes XXIII. hat seine Vorgänger niemals desavouiert, aber er wollte um seine Person keinen Kult. Das war seine Lösung des Problems, wie man nach Pius XII. Papst sein konnte: Er versuchte es gar nicht erst, dem von dem Vorgänger geschaffenen Bild zu entsprechen, sondern er setzte bei viel älteren Vorbildern, im Kern bei der Lehre des Evangeliums, an. Sein starker Wirklichkeitssinn, über den er originell wie ein Künstler verfügte, gab ihm dazu sympathische und glaubwürdige Gedanken ein: es entstand kein frommes Klischee. Es war keine Show. Aber Johannes war «furbo», wie die Römer von ihm sagten, «sensibel mit einer Portion höflicher Spitzbübigkeit»[47]. So füllte er den neuen Wein nicht in alte Schläuche, obwohl er doch, kulturell und religiös in einer bestimmten Weise geprägt, keineswegs ein «Moderner» war.

Hales beschrieb ihn so: «Geistig war Roncalli sowohl konventionell wie altertümlich, von diesem spezifisch italienischen Gefühl für Tradition, bei dem Cicero (den er ständig zitierte), das Alte Testament, die Kirchenväter, Dante und später Heilige wie der hl. Antonius von Padua und der hl. Karl Borromäus durch die Alchimie der Frömmigkeit zusammengeschmolzen wurden. Er liebte das Latein, er liebte Untersuchungen über die mittelalterlichen Ursprünge philanthropischer Einrichtungen, er hatte ein scharfes Auge für Festtage und lokale Jahresfeiern, und im allgemeinen war sein Denken eine freundliche Mischung aus klassischer und mittelalterlicher pietas.»[48]

Das ist treffend formuliert, besonders wenn man an den Roncalli vor der Papstwahl denkt – den Professor, den Bischof, den Nuntius, den Patriarchen oder an den Autor, Verfasser einer Biographie über Bischof Radini-Tedeschi von Bergamo. So leitet er 1907 einen Vortrag ein, der dem Gedächtnis des Historikers Baronius gewidmet ist:

Noch ist der Eindruck in mir lebendig, den ich bei einem Besuch in Frascati vor dem bescheidenen Hause empfand, wo Kardinal Caesar Baronius sich zuweilen zu sammeln pflegte [...] Die Ruinen von Tusculum, die gewiß interessant genug sind und über denen man den fernen Widerhall alter Legenden und Geschichten zu vernehmen meint, wenn der Wind rauschend durch den dichten Kastanienwald und durchs Gesträuch fährt, das sie fast gänzlich bedeckt, die Kunstherrlichkeiten des Cinquecento, hingestreut in die fürstlichen Landhäuser, die sich an der Stelle erheben, wo vielleicht Cicero mit den Freunden philosophische Gespräche führte, Lukull seine üppigen abendlichen Gastmähler hielt und die finstere machiavellische Seele Domitians – man verzeihe den Anachronismus des Ausdrucks – die Ränke seiner grausamen und unheilvollen Politik spann, sie alle haben mich nicht so beeindruckt wie jene schlichte Behausung, vor der tiefe Ehrfurcht meinen Geist ergriff. [...] wenn es unserem Geiste verstattet wird, inmitten der täglichen Beschäftigungen einem dieser Großen der Ge-

Papst Pius XII.

schichte zu begegnen, dann verweilt er gerne bei ihm und erholt sich «in der Erregung der Ehrfurcht», wie Manzoni sagen würde, «und im freudigen Mitgefühl» [...] So schreibt der siebenundzwanzigjährige Professor und entwirft nun zunächst ein äußeres Bild des Baronius, *eine Gesamterscheinung von herber Schönheit und majestätischer Strenge,* «*die in jener prächtigen Einfalt des Purpurs*» – immer nach Manzoni – «*noch mehr hervortritt*»[49].

Man hat gesagt, und es wird zutreffen, daß Roncalli, wenn er Französisch sprach oder auch nur Italienisch, seine rustikale bergamaskische Herkunft nie ganz verleugnen konnte.[50] Gleichwohl war er natürlich nicht der bescheidene Landpfarrer, zu dem manche ihn machen wollten. Seine Einfachheit, die er um so mehr betonte, je höher er stieg, und besonders als Bischof von Rom, war erarbeitet. Bevor er Mgr. Luciani, den späteren

Johannes Paul I., zum Bischof von Vittorio Veneto weihte, sagte er zu ihm: *Ich weiß, Sie sind ein berühmter Professor. Wenn Sie nun mit den Gläubigen sprechen, müssen Sie den Professorenstil vergessen. Sie müssen sich von der Einfachheit unseres Herrn inspirieren lassen.*[51]

Es ist begreiflich, daß es für die ersten Biographen des Papstes, und besonders für die Publizisten, die gezwungen sind, schnell zu arbeiten, schwierig war, den Bildungs- und Erfahrungshorizont dieses erlauchten Spaßmachers zu rekonstruieren – und er ist ja auch heute nicht voll erschlossen.[52] Sorglos und unbefangen, so schien es, klingelte er mit den ihm anvertrauten Schlüsseln Petri. War es da nicht erlaubt, Taten und Worte noch etwas auszuschmücken? Daß Johannes XXIII. peinlich berührt war von der Geschmacklosigkeit vieler der Geschichten und Anekdoten, die man über ihn erzählte, bezeugt sein langjähriger Sekretär Capovilla; wäre er weniger bescheiden gewesen, als er war, er hätte Grund gehabt zu beklagen, daß man ihn in vordergründiger Weise interessant machte und dadurch von dem ablenkte, was eigentlich Leistung und Inhalt seines Lebens war. Auf die Verharmlosung folgten die Spekulationen: kaum eine Beförderung, die nicht nachträglich als verdeckte Kaltstellung, als Die-Treppe-hinauf-Fallen gedeutet worden ist – bis sich schließlich dieser Bauer unter den römischen Diplomaten auf dem Papstthron befunden habe.

Krisen in der Laufbahn Roncallis hat es gegeben. In den bekannt gewordenen Selbstzeugnissen haben sie jedoch nur wenig Niederschlag gefunden. Er überwand Rückschläge und Enttäuschung in Demut und mit einem gewissen bäuerlichen Stoizismus.

Immer wieder forderte er von sich und anderen *pazienza* (Geduld), mit anderen Worten: *Man muß der Zeit Zeit lassen.*[53] In einem Brief heißt es: *Das Ende unseres Lebens wird eben ein Innehalten mitten in einer Ackerfurche sein.*[54] Die Geschichte seines Lebens ist nicht spektakulär, aber von einer großartigen Simplizität, die viele Fragen aufwirft. *In der Schlichtheit liegt das Natürliche, und das Natürliche im Göttlichen*, liest man weiter bei ihm. Sein Leben ist nichts anderes als der Versuch eines Menschen, gemäß seinen Talenten und seiner Kraft, den Willen Gottes zu tun. Immer wieder findet sich in seinen Aufzeichnungen die Maxime, die schon der Achtzehnjährige formuliert: *Darauf kommt es an, daß ich mich von Anfang an unerschütterlich in Gottes Willen füge.*[55] Alles, was Johannes XXIII. bewirkt hat, ist aus diesem Ansatz hervorgegangen.

Wenn man ihn zunächst als Übergangspapst bezeichnete, so handelte es sich dabei nicht um einen speziell auf ihn gemünzten abschätzigen Ausdruck. Von einem solchen hatte man schon vor dem Konklave gesprochen, weil die Überalterung des Kardinalskollegiums beim Tode Pius' XII. keinen anderen Ausweg zu erlauben schien. Als die Wahl erfolgt war, verstummte – nun mit Blick auf Roncalli – die Rede vom Übergangspapst nicht sogleich. Durch den Erneuerungsprozeß der Kirche, den er einleitete, erhielt sie eine völlig neue Bedeutung. «Der Übergangspapst Johannes XXIII. vollzog den Übergang der Kirche in die Zukunft» (Karl Rahner).[56]

Was aber ist der Wille Gottes? Die Antwort, die man Roncalli gelehrt hatte und die er akzeptierte, lautete: der Wille Gottes ist die Lehre der Kirche, der Wille des Papstes und der Oberen.

Für den Sohn eines kleinen Pächters aus der Provinz Bergamo am Ende des 19. Jahrhunderts war diese Antwort nicht eigentlich befremdend. Nichts konnte für ihn selbstverständlicher sein als Autorität. Autorität besaßen die Älteren in der Familie (und auch er selbst, Angelo, der älteste Sohn und künftige Priester, verfügte schon früh über eine gewisse Autorität), eine in ihrem Ausmaß kaum zu überschätzende Autorität eignete dem Ortspfarrer, und diese Stufungen von Autorität setzten sich fort, bis sie, wie selbstverständlich, gipfelten in der geistlichen Vaterschaft des Bischofs von Rom. Es gab auch eine weibliche Linie der Autorität, die ihren Weg über die Mutter nahm und emporführte zur Königin des Himmels. Nicht zu vergessen die Welt der Heiligen ... Ein so sorgfältig geordnetes Gefüge von Autorität vernichtete den Menschen auch dann nicht, wenn man es, wie der junge Angelo Roncalli, zunächst ganz von unten betrachten mußte. Aber dieser blieb ja nicht der ungelehrte Bauernjunge, als den die Kirche von Bergamo ihn in ihr Seminar aufnahm. Der Student und Professor erlebte den Modernismus-Streit, der Bischof, Nuntius, Kardinal gewann Einblick in alle Probleme der Weltkirche, in ihre Fehlbarkeit und Schwäche, auch und gerade dort, wo sie mit imperialem Anspruch auftrat, in Rom.

Verwirrte es ihn? *Gleich bei meinem Eintritt in das Priestertum habe ich mich der heiligen Kirche zur Verfügung gestellt. Ich habe ihr gedient ohne Furcht und ohne Ehrgeiz; überflüssig, noch weiter zu suchen.*[57] Der Wille des Sprechers ist klar, und die Aussage im Kern richtig. Die Frage, die sich anschließt, ist, wie es ihm gelang, über Jahrzehnte hinweg, diesen Willen zu behaupten und dabei immer stärker auf das ihm Wesentliche zu richten.

Den bereits erwähnten Vortrag über Baronius schloß Professor Roncalli mit einer Erzählung, die er bei Aringhi gefunden hatte. Während langer Jahre sei ein armer Priester – Baronius – täglich zum Petersdom gekommen, habe die Betteljungen an den Türen beschenkt, dann aber zur Statue des hl. Petrus sich gewendet, dem Apostel den Fuß geküßt und dabei stets die Worte wiederholt: «Pax et oboedientia» (Frieden und Gehorsam). *In dem kurzen und schlichten, beharrlich wiederholten Akte finde ich ihn ganz wieder; die beiden Worte füllen sich für mich mit einer höchsten Bedeutung [...] es war die einzige Regel seines Lebens, und ich möchte beifügen, das wahre Geheimnis seines Gelingens.*[58]

Diese Episode hat Roncalli auch bei anderer Gelegenheit gern erzählt, so in seiner ersten Predigt als Nuntius in Paris 1945[59]; sie war wohl geeignet, die jugendlichen Zuhörer im Seminar von Bergamo anschaulich zu belehren. Es handelte sich dabei, wie sich später zeigen sollte, jedoch nicht nur um den wirkungsvollen Schluß eines historischen Vortrags, den die katholische Stadtzeitung «L'eco di Bergamo» «zeitgemäß, gehaltreich, glänzend» nannte, sondern um den Ausdruck von Gesinnungen, mit denen der Redner sich identifizierte. Er hat die beiden Leitworte des

Baronius in sein Bischofswappen aufgenommen und auch als Papstmotto beibehalten. Lediglich die Reihenfolge änderte er: oboedientia setzte er an die erste Stelle, so daß der Friede nun wie eine Frucht des Gehorsams erscheint. Unwillkürlich denkt man im Vergleich dazu an das Motto des juristisch gebildeten Römers Pacelli, des Papstes Pius' XII.: «Opus justitiae pax» – «Der Friede ist das Werk der Gerechtigkeit»! Für Roncalli ist charakteristisch, daß er für sich selbst so gut wie niemals auf Gerechtigkeit pochte. Diese Haltung war das Ergebnis asketischer Bemühung, denn nichts spricht dafür, daß es diesem von Natur aus energischen, ehrgeizigen, für Auszeichnung und Ehre durchaus empfänglichen Mann leichter als anderen gefallen wäre, sich in Selbstverleugnung zu üben. *Wie sehr man den Herrn nachahmen muß, um mit den Menschen Geduld zu haben!*[60] Wahrscheinlich fiel es ihm schwer – jedenfalls hat er sich an Einkehrtagen und in geistlichen Übungen immer wieder mit diesen Themen beschäftigt. Seine Aszese äußerten sich in den Formen einer erlernten Spiritualität. *Kleine Dornen, die man aus Liebe zu Jesus erträgt, werden zu Rosen.*[61] Das geistliche Tagebuch enthält derartige Aufzeichnungen bis ins höchste Alter. Aus Anlaß der *geistlichen Einkehr zur Vorbereitung auf die Vollendung meines achtzigsten Lebensjahres* äußert er noch immer *Betrübnis über soviel Erbärmlichkeit, da ich im Einsatz meiner Kräfte in keiner Weise dem Übermaß der empfangenen Gnade entsprochen habe.* Zugleich empfindet er das Geheimnis der Gnade. *Nach meiner ersten Messe am Grabe des hl. Petrus legte der Heilige Vater Pius X. seine Hände auf mein Haupt, um mich und mein beginnendes Priesterleben zu segnen. Und jetzt, mehr als ein halbes Jahrhundert später (nach genau 57 Jahren) breite ich meine Hände über die Katholiken der ganzen Welt – und nicht nur über die Katholiken – als Vater aller.* Er denkt an den nahen Tod, an seine persönliche Heiligung, zitiert aus einem Buch, auf das er unverhofft gestoßen ist (Antonio Rosmini: «Die christliche Vollkommenheit») und schließt: *Zu meiner Erbauung ist dies die alltägliche Anwendung meines von Baronius übernommenen Wahlspruchs: «Oboedientia et pax.»* [62]

Hannah Arendt überliefert die Anekdote, daß man dem Papst in den Monaten vor seinem Tod Hochhuths «Stellvertreter» zu lesen gab und ihn dann fragte, was man dagegen tun könne. Darauf habe er erwidert: *Dagegen tun? Was kann man gegen die Wahrheit tun?*[63]

So erzählt ist die Anekdote sicher nicht authentisch. Wie differenziert hat Paul VI. sich über den Gewissenskonflikt geäußert, in dem Pius sich befunden hat. Wohl aber trägt den Stempel der Echtheit, was Johannes über das Problem der Wahrheit in den Mund gelegt wird, und es ist nicht zuletzt der Historiker, der so aus ihm spricht.

Roncallis Vorbild, der Oratorianer Baronius, war ausgezeichnet durch «Verachtung der Menschengunst» und «rücksichtslose Wahrheitsliebe»[64] (Pastor). «Du wirst Kardinal werden, aber niemals Papst», hatte dem Baronius Philipp Neri prophezeit, «denn du bist ein – Barbar.»[6] Ein Barbar war freilich bereits der junge Professor Roncalli nicht mehr, aber die Unbefangenheit, mit der er in seinem Vortrag über Baronius für das

Recht der historischen Wahrheit eintrat, war im Kern die Wiederaufnahme der Lehren des Gefeierten:

[...] *die Schatten eines Bildes – wer weiß das nicht? – dienen dazu, die Hauptgestalten besser hervortreten zu lassen. Im übrigen ist die Geschichte eben Geschichte, und in der wahren und aufrichtigen Geschichte ihres Lebens findet die Kirche ihre beste Apologie.*[66]

Damals beabsichtigte Roncalli, sich als Historiker weiter auszubilden. Es war ein glücklicher Griff, daß er seine erste selbständige wissenschaftliche Arbeit einem Historiker widmete, das heißt Geschichte der Geschichtsschreibung betrieb. Baronius, der «Vater der neueren Kirchengeschichtsschreibung», der Verfasser der «Annales Ecclesiastici», jenes «Riesenwerkes, das einzig in der Geschichte der kirchlichen Historiographie dasteht», wie Pastor urteilt[67], hatte Roncalli schon während seines Studiums in Rom beeindruckt, aber er fand über ihn kaum Vorarbeiten, denn Baronius ist trotz seines Ranges von der Nachwelt eher stiefmütterlich behandelt worden.

Wollte man sich Roncalli in einem weltlichen Beruf vorstellen, so sicherlich am ehesten, wie Ratti (Pius XI.) in dem des Historikers. Indessen blieb es ihm erspart, wählen zu müssen, denn die historische Neigung ließ sich mit der Liebe zur Kirche verbinden. Roncalli erlebte die Kirche als «Fülle der Zeiten»[68]; niemand konnte ihr gerecht werden, der sie nicht historisch verstand. In seinem Handeln als Bischof und Diplomat, vor allem als Papst, scheint er geprägt von Einsichten, die er seinen Studien verdankte. Auch sein Optimismus, mochte er auch in seinem Naturell begründet sein, schöpfte Kraft aus seiner Liebe zur Geschichte.

«Die Wahrheit ist etwas Heiliges», zitierte er Manzoni vor Journalisten, *«das man niemals verraten darf.»*[69] Nach Eröffnung des Konzils empfing er die Reporter gar unter Michelangelos «Jüngstem Gericht». *Nicht umsonst habe ich Sie hierhergebeten*, sagte er, *erforschen Sie Ihr Gewissen vor diesem Gemälde.*[70] Bezeichnend für ihn ist aber auch die Änderung der Konklaveordnung, wonach die Stimmzettel künftig nicht mehr verbrannt, sondern archiviert werden sollten. Er vertraute den in der Entwicklung der Kultur wirksamen Mächten und suchte ihnen den Weg zu bahnen durch historische Erkenntnis.

Geschichte ist für ihn – mit Cicero – «*testis temporum, lux veritatis, magistra vitae*» – Zeugnis der Zeit, Licht der Wahrheit, Lehrmeisterin des Lebens[71]. Fast ein halbes Jahrhundert nach dem Vortrag über Baronius hat Roncalli in einem weiteren Vortrag, der dem Gedächtnis des Kardinals Angelo Mai, eines bedeutenden Paläographen, gewidmet war, wiederum in Bergamo (7. September 1954), diese Auffassung noch einmal nachdrücklich formuliert: *Das Land, in dem wir leben und das wir lieben, birgt in seinem Innern noch ungeahnte Schätze von Dokumenten zur Kirchen- und Profangeschichte unseres Volkes. In dem Maße, wie diese Dokumente Gegenstand unserer Erforschung und unserer umsichtigen, weisen und verläßlichen Zuordnung werden und Bezug nehmen auf eine Epoche oder eine Regierungszeit, schreibt man Geschichte [...] Sind die Stimmen der Alten [...] nicht eine Aufforderung zur Erhebung des Geistes, um zum*

Cäsar Baronius

menschlichen und christlichen Fortschritt beizutragen? Ein Fortschritt, der Tag für Tag in uns reift, uns Nutzen ziehen läßt aus der Erfahrung vieler [...] der ein unversiegbarer Quell der Jugend und des Vertrauens in die Zukunft ist [...] Wie viele wertvolle Elemente zur Nachzeichnung oder Korrektur der großen und kleinen Geschichte des italienischen Volkes enthält [...] der Zeitabschnitt vom Ende des 15. bis zum Beginn des 19. Jahrhunderts: die Epoche der sogenannten Moderne. Darum müssen wir Optimisten sein oder es werden: der Pessimismus hat noch nie zu etwas Gutem genützt und wird es auch in Zukunft nicht.[72]

Dieser Vortrag ist im Ton gelassener und in der Zielrichtung stärker universell als der Vortrag über Baronius, aber in der Sache urteilt der Redner unverändert. Der Appell an den Optimismus seiner Zuhörer ist von erstaunlicher Unmittelbarkeit. Selten, so nehmen wir an, haben italienische Kardinäle in der Geschichte der Moderne so deutliche Zeichen der Ermutigung erblickt. Die Absage an den Pessimismus verweist voraus auf die Rede des Papstes zur Eröffnung des Konzils mit ihrer Zurückweisung der *Unglückspropheten.* In dem Vortrag über Mai wendet Roncalli sich gegen Leopardi, von dem er bekennt, *der eiskalte und lästernde Pessimismus, mit dem der Dichter aus Recanati das Schicksal Italiens gleichsam in einen Totenmantel hüllte,* ist *mir unerträglich.*[73]

Der Vortrag hat jedoch nicht den Ton eines Programms; viel eher klingt er wie ein Vermächtnis, was nur natürlich scheint, da Roncalli damals 72 Jahre alt war und in dem ihm verliehenen Patriarchat von Venedig die letzte Station seines Wirkens erblicken durfte.

Roncalli ließ sich, wenn er sprach, gern vom persönlichen Erleben tragen. Die Rede auf Angelo Mai gab ihm Gelegenheit, sich in die Seele seines Helden zu versetzen und die selbstverfaßte Grabschrift des Kardinals zu zitieren, als wären es seine eigenen Worte: *Bergamasker bin ich, / Angelo heiße ich, / hier liege ich. / Gebeugt von der Wissenschaft Last / Mein Leben verging, geehrt von Rom / ich Purpur und Hut empfing. / Von dir aber, Jesus, möcht ich erlangen / das himmlische Reich* [...][74]

Roncalli hatte seinen Glauben gelebt wie ungezählte andere, deren Selbstverleugnung und Hingabe zusammen mit dem geistigen Prinzip die Lebenskraft der Kirche ausmachen. Zwischen Christentum und Kirche gab es für ihn nicht nur keinen Bruch, sondern es bestand ein notwendiger Zusammenhang. Diesem Bewußtsein hat er nicht lange vor seinem Tod einen tiefen Ausdruck gegeben: *Seid gewiß, meine Brüder, soviel einer die Kirche liebt, soviel hat er vom Heiligen Geiste.*[75] Als Priester und als Bischof hatte er sich jederzeit ehrenvoll bewährt – aber konnten sein bisheriger Lebensweg und seine Persönlichkeit erwarten lassen, daß er geeignet war, die Nachfolge Pius' XII. anzutreten, und daß er in dieser Stellung schon bald mehr wagen werde, als dieser je gewagt hatte?

Für viele war die Entscheidung der Kardinäle zunächst keineswegs überzeugend. So berichtet der Erzbischof von Wien, König, in seinen Erinnerungen freimütig von seiner Enttäuschung, als er – damals noch nicht Kardinal – das Ergebnis des Konklave erfuhr.[76] Die anfängliche Skepsis erklärte sich daraus, daß man von dem alten Mann zunächst fast nichts wußte, vor allem aber spielte eine Rolle, daß man ihn unwillkürlich mit seinem Vorgänger verglich. In souveräner Weise hatte Pius XII., der «pastor angelicus» (engelgleicher Hirte), gemäß der historisch unechten, aber bis in die Gegenwart wirksamen Malachias-Prophetie – als den ihn auch Roncalli apostrophiert hat[77] –, während eines langen Pontifikats stilbildend gewirkt. In glücklichen Augenblicken entsprach die an die Gestalten El Grecos gemahnende Erscheinung des Pacelli-Papstes einem Idealbild des Kirchenfürsten – mochte es daneben auch das geben, was Hildesheimer «Piuskitsch» genannt hat[78], die auf Wirkung berechnete Veräußerlichung der religiösen Gebärde. Der Wechsel von einem Pontifikat zum andern – vom römischen Volksmund drastisch als Kette beschrieben: «ein Dünner, ein Dicker...» – überforderte diesmal die Beobachter.

«Er kam hereingetrabt», berichtet Pallenberg von einer Sonderaudienz für ausländische Journalisten, «kurz und etwas tonnenförmig, einem kleinen freundlichen Pferdchen ähnlich, seine nagelneuen päpstlichen Gewänder paßten noch nicht recht zu ihm, und er setzte sich auf den Thron, der für seine kurzen Beine etwas zu hoch war. Sein erdverbundenes, offenes, bäuerliches Gesicht, seine kleinen, listigen Augen [...] seine sonderbare Angewohnheit, dann und wann mit einem Finger gegen seine enormen Ohren zu schnippen – all das trug dazu bei, einen seltsamen Kontrast zu allem hervorzurufen, was ihn umgab [...] Man hatte fast das Gefühl, als gehöre er nicht in den Vatikan, sondern sei unerwartet hereingeschneit [...] Er plauderte ein wenig aufs Geratewohl, schweifte oft vom Thema ab und vergaß zur Sache zurückzukommen [...]»[79]

Pallenberg hat seine auf diesem ersten Eindruck beruhende Meinung bald korrigiert. Das katholische Volk nahm Roncalli sogleich an, wie er war. Auch bei Anders- und Nichtgläubigen fanden die versöhnungswilligen Worte aus Rom freundliche Aufnahme. Aus unmittelbarer Erfahrung bildete sich das positive Bild des neuen Papstes. Erst allmählich fand sein bisheriges Wirken Eingang in das Bewußtsein der Mitwelt.

Aber gerade die, die ihn von früher kannten, taten sich schwer, einen künftigen Papst oder gar den Papst eines kommenden Konzils in ihm zu sehen. Rouquette zitiert den angeblichen Ausspruch eines französischen Kardinals vor dem Konklave: «Eines ist sicher: Roncalli wird es nicht sein.»[80] Er berichtet weiter von einem Bischof, der, als er die Entscheidung des Konklave erfuhr, weinte. Solche Skepsis basierte auf Erfahrungen, die man mit Roncalli in seiner Pariser Zeit gesammelt hatte. Rouquettes Aufsatz, bald nach dem Tode des Papstes unter dem Eindruck der überwältigenden Anteilnahme zahlloser Menschen verfaßt, spiegelt Betroffenheit und Staunen. Sein Titel ist seither oft zitiert worden: «Das Geheimnis Roncalli».

Als er das Petrusamt antrat, wurde Roncalli in gewisser Weise zum erstenmal in seinem Leben wirklich frei. Dieser loyale Kleriker, der immer zu gehorchen bereit gewesen war, fand mit einemmal keinen Menschen mehr über sich, dem er zum Gehorsam verpflichtet war. Nun folgte er seiner Intuition. Sie war, wie sich zeigte, durch die Jahrzehnte der Unterordnung nicht im mindesten gelähmt. *Mir scheint, ich sei ein leerer Sack, den der Heilige Geist unversehens mit Kraft füllt.*[81] Freilich, der Sack war schon vorher nicht leer.

Die Diskussion über ihn und die Auswirkungen seines Pontifikats ist auch nach seinem Tode nicht verstummt. «Papst Johannes war ein altmodischer Katholik des ‹Seelengärtlein-Typs›», schrieb Kardinal Heenan 1964. «Er setzte keine große Reform in Gang.»[82] Ein Jahr später formulierte Kardinal Lercaro in rhetorischer Argumentation seine Sicht: «Entweder ist Johannes XXIII. ein tollkühner Stürmer gewesen, dessen Mangel an Bildung und Erfahrung ans Paradoxe grenzte [...] Oder Johannes tat dies alles mit wohlberechneter Kühnheit [...] Entweder ist er, um es so zu sagen, ein heiliger Kirchenlehrer oder er ist nichts.»[83]

Sotto il Monte

Seit dem Tage, als es dem Herrn gefiel, Uns zu der höchsten Führerschaft seiner Kirche zu berufen, haben Sie oft erwähnen hören, daß der neue Papst aus einer bescheidenen Bergamasker Familie stammt. Nun, und Wir sagen dies mit tiefer Bewegung und tiefer Dankbarkeit zu Gott, ja, es ist so: einen großen Teil unserer priesterlichen und apostolischen Berufung verdanken Wir Unserer Familie, die nicht so arm war, wie einige es gern schildern, doch vor allem reich an allen Gaben des Himmels. Daneben verdanken Wir sie dem Beispiel, das Unsere guten Eltern, Papa und Mama, Unserem Herzen immer gaben, und der ganzen Atmosphäre von Güte, Schlichtheit und Rechtlichkeit, die Wir von früher Kindheit an einatmeten. (Am 1. März 1959 vor den Teilnehmerinnen eines Frauenkongresses.) Im *Geistlichen Tagebuch* heißt es: *Ich bin aus der Armut und den kleinen Verhältnissen von Sotto il Monte hervorgegangen; ich habe immer versucht, mich niemals davon zu entfernen.*[84]

Gestützt auf die zahlreichen Äußerungen des Papstes über seine Herkunft[85], die dem Sinne nach völlig übereinstimmen, und auch auf die Erinnerungen Dritter, besonders seiner Angehörigen, ist Roncallis Kindheit wiederholt erzählt worden – mit mancherlei Unterschieden im Detail und stets mit einem fiktiven Element, das von diesem Teil seiner Biographie nicht zu trennen ist. Übereinstimmend ist man jedoch der Meinung, daß Kraft und Natürlichkeit seines Wesens in der bäuerlichen Welt von Bergamo ihre gesunde Wurzel haben.

Die Roncalli stammen aus den südlichen Voralpen. Dort, im Imagnatal, in den Gemeinden Corna und Cepino gibt es einen Ortsteil Roncaglia und noch 1300 Urkunden über die Familie de Roncallis oder die Ronchalis. Schon 1353 erscheint der Name in Bergamo.[86]

1429 zog ein Pietro Martino de Roncalli von Roncaglia di Cepino in die damals noch sumpfige Ebene von Submonte oder Sotto il Monte. Er wurde «Maytino» genannt – wie man vermutet, weil er das «r» nicht sprechen konnte –, und seine Nachkommen hießen nach ihm «Maytino de Roncalli». Er baute sich ein Haus, das Camaytino genannt wurde (Ca = casa, also: Martinshaus). Später wurde der ganze Ortsteil Camaitino bzw. Amaytina genannt. Sotto il Monte war noch in der Jugend des Papstes *nicht so sehr eine geschlossene Ortschaft als ein Nebeneinander von Gehöften und Ortsteilen, verstreut zwischen Hügel und Ebene*[87]. Jedes Anwesen, jede Häusergruppe hatte einen eigenen Namen.

Das Wappen des Maytino   *Papstwappen Johannes' XXIII.*

Das Haus des Maytino wechselte mehrfach den Besitzer, aber es überdauerte die Jahrhunderte. 1925 mietete es Roncalli, der soeben Bischof geworden war, von einer Baronin Scotti in Bergamo als künftigen Sommeraufenthalt. Zwei seiner Schwestern hielten es in Ordnung, und einige Jahre hat dort auch die verwitwete Mutter gewohnt. Bei der Renovierung der Fassade war Roncalli ein reizvoller Fund beschieden: Fresken aus dem 15. Jahrhundert zeigten die Madonna mit dem Jesuskind, den Abt Antonius, den hl. Bernardin und darüber das Familienwappen der Maytini: ein Turm auf einem Feld mit silbernen und roten Streifen. Roncalli, der gerade beschlossen hatte, als Bischof das Wappen eines anderen Zweigs der Familie zu tragen[88], tauschte es nun mit dem der Maytini. Er fügte ihm zwei silberne Lilien im oberen roten Feld hinzu, die an den Patron Bergamos, den hl. Alexander, erinnerten. In dieser Gestalt führte er sein Wappen, bis er 1953 zum Patriarchen von Venedig ernannt wurde. Nun kam, wie es üblich ist, das patriarchale Schildhaupt von St. Markus hinzu: der geflügelte Löwe mit dem Heiligenschein, der zwischen seinen vorderen Pranken ein Buch aufgeschlagen hält, auf dessen Seiten zu lesen ist: PAX TIBI MARCE EVANGELISTA MEUS (Friede sei mit dir, Markus, mein Evangelist).

Auch als Papst behielt er dieses Wappen bei. Er hätte das Schildhaupt wieder entfernen lassen müssen, weil es als eine Zutat nicht zu dem Familienwappen gehörte, zu dem nun die Embleme des Papstes, Tiara und Schlüssel, hinzugekommen waren. Da aber Pius X., der sein Vorgänger auch als Patriarch von Venedig gewesen war, den Markuslöwen im Papstwappen weitergeführt hatte, so wollte Johannes XXIII. ihm nicht Unrecht geben und tat desgleichen.

Schon als jüngerer Mann beschäftigte Roncalli sich mit der Geschichte seiner Familie. Im bischöflichen Archiv von Bergamo hatte er Notariatsurkunden entdeckt, die über das Leben des Maytino einigen Aufschluß gaben und auch erkennen ließen, wie die Roncalli sich in der Isola d'Adda, im bergamaskischen Kernland zwischen den Flüssen Adda und Brembo, ausgebreitet hatten. Besonders deutlich belegen Aufzeichnungen von 1959 – sie sollten einer geplanten Biographie dienen – Roncallis genealogisches Interesse. Er leitete den Namen seiner Familie von «ronchi», im Bergamasker Dialekt «rüc» oder «roncai» ab, *womit man die in die Berghänge eingeschnittenen Terrassen bezeichnet, die das Gelände für den Weinbau verwendbar machen*[89]. Nach einer anderen Erklärung bedeutet der Name soviel wie «Reutte» oder «Rodung». «Roncare» heißt jäten, und «ronca» ist ein sichelartiges Messer, wie man es im Garten oder zum Schneiden von Faschinen benutzt. Ferner bedeutet «ronco» Felsblock.

Die Maytini waren «mezzadros» geblieben, Bauern ohne eigenes Land, die das Feld der Grundbesitzer in Halbpacht bestellten. Aber es gab auch einen gräflichen Zweig der Roncalli in Rovigo und bürgerliche in weit verstreuten italienischen Städten und Landschaften, in Brescia, Udine, in der Toskana, in Foligno, Rom und Venedig. Als Nuntius in Frankreich stieß Roncalli auf einen Namensvetter, der Bauer war; er besuchte ihn und half ihm ein wenig bei seinen Verrichtungen. Seine eigene einfache Herkunft wollte Roncalli durch seine historischen Liebhabereien nicht in ein verändertes Licht setzen. Über sein Wappen heißt es in den Aufzeichnungen von 1959: *In dieser Gestalt, bekrönt mit dem Zeichen des hl. Markus, entspricht es dem leidenschaftlichen und liebevollen Drang des Erforschers der Heimatgeschichte und beileibe nicht dem Verlangen, sich einen adligen Ursprung zuzulegen.*[90] Die Roncalli waren damals freilich durch ihn bereits für immer in die Geschichte Bergamos und der Kirche eingegangen.

Sotto il Monte liegt südlich der Straße von Bergamo nach Lecco, *am Fuß der Hügel, die in sanftem Anstieg aus der Po-Ebene hinansteigen zu den Wällen der Alpen östlich des Comer-Sees*[91]. Im Winter, wenn Schnee die Pfähle und Rebstöcke bedeckt, sind diese niedrigen Anhöhen recht unscheinbar, so daß der Ortsname wie eine Übertreibung wirken mag. Vom Monte Canto aber – der den San Giovanni-Kirchturm auf dem gleichnamigen Hügel noch etwas überragt – sind die Ausläufer der Bergamasker Alpen, Mailand und, bei günstigem Wetter, der Monte Rosa sichtbar. Manzoni hat in «I promessi sposi» («Die Verlobten») die benachbarte Landschaft um Lecco ähnlich wie Roncalli beschrieben. «Das Liebliche aber, das Sanfte der nahen Bildungen mindert die Wildheit des ferneren, größeren Ausblicks.» Wenn Roncalli in seinen späteren Jahren mit Freunden oder mit Gästen durch diese Fluren fuhr, etwa von Como über die Adda nach Sotto il Monte, erzählte er gern von den Örtlichkeiten, die

Manzoni erwähnt hatte. Er nahm den Roman immer wieder zur Hand und las auch häufig daraus vor.[92] Ähnlich wie bei seiner Vorliebe für die Musik Donizettis äußerten sich in solcher Lektüre Heimatliebe und Selbstgefühl des Bergamasken, die Manzoni so beredt dargestellt hat. In den «Verlobten» erlebte Roncalli den Lebenskreis seiner Familie und das ihm gut bekannte Mailand als historische Landschaft, als deren bedeutendste, sozial formende Kraft die Kirche erscheint. Auch der Name Borromeo begegnete ihm auf den Seiten dieses Buches; freilich nicht Carlo, sondern Federigo Borromeo, der Begründer der Ambrosiana, Carlos Nachfolger als Erzbischof von Mailand. Was den modernen Leser an Manzonis Roman frappieren mag, seine verfremdete Sinnlichkeit, sein statisches Gesellschaftsmodell[93], trat vermutlich kaum in Roncallis Blickfeld, oder er verstand dergleichen als naturgemäßen Ausdruck der italienischen Kultur des 19. Jahrhunderts.

In der Berichterstattung und in den Biographien über Johannes XXIII. bildet Sotto il Monte ein suggestives Element. Da die Presse zunächst so wenig von dem neuen Papst zu melden wußte, bemächtigte sie sich seiner Herkunft mit zielstrebiger Phantasie. Später zog der Gedächtniskult um den großen Verstorbenen Zehntausende von Neugierigen, Andächtigen und Kranken nach Sotto il Monte. Inzwischen sind zahlreiche neue kirchliche und private Bauten entstanden; angebaut an das Geburtshaus des Papstes, ein Missionsseminar. Wegweiser leiten den Autotouristen, der früher Mühe hatte, den Ort auf einer Karte zu finden. Noch immer leben Roncalli in Sotto il Monte.

Um 1880 hatte der Ort etwa 1000 Einwohner, die auf kleinen Grundstücken Mais und Weizen, Wein und Obst anbauten. Die Häuser waren in der Mehrzahl alt, weil die Bevölkerungszahl lange stagniert hatte. Ihre Mauern bestanden aus behauenen Steinen, die Fußböden aus roten Ziegeln, die Dächer aus Schindeln.

Die Roncalli wohnten in dem Ortsteil Brusicco, nicht in dem höher gelegenen Camaitino, wo das Haus des Maytino stand. Die Kirche Santa Maria Assunta in Brusicco ersetzte schon damals die baufällige Kirche San Giovanni als Pfarrkirche. Der alte Taufstein von San Giovanni war nach der neuen Pfarrkirche übertragen worden. In Brusicco wurden die Eltern des Papstes getraut und ihre Kinder getauft. Im Konklave hat Roncalli die Wahl des Namens Johannes unter anderem damit begründet, daß *die bescheidene Pfarrkirche, in der Wir getauft wurden, diesen Namen trägt*[94]. Er liebte die alte Kirche; eine der Schwestern des Papstes hat berichtet, es sei das einzige Mal gewesen, daß sie ihren Bruder habe weinen sehen, als der Heimgekehrte diese Kirche geschlossen fand, die später größtenteils abgebrochen wurde und von der nur der romanische Turm erhalten geblieben ist. Seine Taufkirche, wie es gelegentlich dargestellt wurde, war San Giovanni jedoch nicht.

Das Haus, in dem die Roncalli wohnten, war dreistöckig und über 300 Jahre alt, ein verwinkelter, düsterer Bau, der auf zwei Höfe führte. Es hieß «il palazzo» (das Schloß) und gehörte den Grafen Morlani. Ursprünglich waren in diesem Haus, wie auf dem Lande üblich, nur die bei-

Die Taufkirche Santa Maria Assunta in Brusicco

den oberen Stockwerke bewohnt worden; das untere diente als Speicher und war der Sicherheit wegen ohne Fenster. Es handelte sich um eine noch halb mittelalterliche, primitiv wehrhafte Bauweise, die Schutz vor herumziehendem Gesindel bieten sollte. Nun war in dem unteren Stockwerk ein Gelaß als gemeinsame Küche eingerichtet. Eine Steintreppe außerhalb des überfüllten Hauses führte in ein Zimmer, das die erste Wohnung von Angelo Roncallis Eltern werden sollte. Zu diesem Zimmer gehörte noch ein Vorratsraum, der schon bald als Schlafraum der Kinder dienen mußte.

Am 23. Januar 1877 folgte Marianna Giulia Mazzola dem Giovanni Battista Roncalli in die Ehe und in die Wohngemeinschaft mit seiner Familie. Die Eltern des künftigen Papstes waren gleichaltrig, 1854 geboren, und außer ihrer Jugend besaßen sie so gut wie nichts. Nach der Trauung durch

*Die Mutter
Marianna Roncalli,
geb. Mazzola*

Don Rebuzzini, den Ortspfarrer, wurde als Hochzeitsausflug eine Fußwanderung in das 14 Kilometer entfernte Bergamo unternommen, von wo man noch am Abend zurückkehrte. Marianna Roncalli gebar noch im Jahr ihrer Hochzeit das erste ihrer dreizehn Kinder, Maria Caterina, die, sechsjährig, 1883 starb.

Die Großfamilie bot dem jungen Paar Schutz, bildete natürlich auch eine Belastung – das Beispiel der Älteren war nicht jederzeit ermutigend. Jahrzehnte später schrieb Angelo Roncalli an seinen Bruder Giovanni: *Zum Glück tretet ihr Brüder nicht in die Fußstapfen unserer alten Angehörigen [...], die kaum miteinander sprachen, ohne zu murren [...] Ich erinnere mich, daß ich als Kind unseren Herrn inbrünstig anzuflehen pflegte, er möge doch die alten Roncallis ein wenig miteinander reden lassen. Und ich fragte mich mehr als einmal: Wie wollen sie je in den Himmel kommen, da doch der Herr sagt, daß wir alle einander lieben müssen [...]*[95] In seiner Jugend hat er selbst die durch das Herkommen sanktionierte Hierarchie der erfahrensten Männer noch erlebt, der sich die jüngeren Verwandten normalerweise fügten.

Großonkel Zaverio, «der Barba» – wie man in der Gegend von Bergamo einen älteren Junggesellen zu nennen pflegt –, bildete mit seinen vier jüngeren Brüdern: Angelo (dem Großvater des künftigen Papstes), Alessandro, Giovanni und Giuseppe den Ältestenrat der Familie, der über die Grenzen von Sotto il Monte hinaus Gehör fand. Der Aufstieg eines der ihren zum Prälaten und Kirchenfürsten änderte wenig an der Lebensweise und am Selbstverständnis der Roncalli. Auch in der auf An-

*Der Vater
iovanni Battista Roncalli*

gelo folgenden Generation brachten sie neben einer Mehrzahl von Bauern, Handwerkern und Arbeitern drei geistliche Berufe hervor. Eine Nichte Angelo Roncallis wurde Missionsschwester in Afrika in der «Gesellschaft der frommen Mütter von Nigrizia», eine andere Mitglied der «Töchter Unserer lieben Frau vom Heiligsten Herzen Jesu von Issoudon» und ein Neffe des Papstes, Battista Roncalli, Weltgeistlicher. 1944 kam es in Ghiaie di Bonate, einem Dorf in der Nähe von Sotto il Monte, in dem ebenfalls einige Roncalli lebten, zu einem sensationellen Vorkommnis. Während mehrerer Wochen berichtete die siebenjährige Adelaide Roncalli ihren Eltern von wiederholten Erscheinungen der Jungfrau Maria. Für kurze Zeit machte das Kind den Namen Roncalli mehr publik als «il monsignore», der damals noch in der Türkei tätig war. Die Presse verbreitete die Nachricht von dem angeblichen Marienwunder, Tausende von Pilgern strömten nach Ghiaie di Bonate. Die kirchlichen Behörden schritten jedoch – wie in der weitaus überwiegenden Mehrzahl solcher Fälle – hemmend ein. Im April 1948 wurde vom Bischof von Bergamo, Mgr. Bernareggi, «jede Art von Verehrung der Madonna, als in Ghiaie di Bonate erschienen, kirchenrechtlich verboten»[96]. Mgr. Roncalli kannte den Schauplatz der angeblichen Erscheinungen selbst sehr gut. *Ich könnte ein Heft mit lieben Erinnerungen über diesen Ort anfüllen*, schrieb er aus der Türkei. *In den Ghiaie lernte ich auch zum erstenmal Mons. Radini-Tedeschi kennen [...]*[97] Er riet seinen Angehörigen, dem Urteil der Kirchenbehörden zu vertrauen. *Wer mit dem Bischof auf einer Seite steht, geht gewiß nicht fehl. Wer mehr wissen will, täuscht sich für gewöhnlich.*[98] Nicht ganz ohne Stolz fügte er hinzu, es sei *wahrscheinlich, daß die Roncallis von Bonate Nachkommen unseres Zweiges – der Maitini – aus Sotto il Monte sind. Diese Dinge müssen mit Gnade und Demut genommen werden.*[99]

Giovanni Battista Roncalli – der Vater – bestellte als Pächter Äcker des Grafen Ottaviano Morlani. Er war ein fleißiger Mann, der sich beharrlich emporarbeitete. Körperlich war er zäh, aber eher schmächtig – der Sohn hat seine Konstitution von der Mutter geerbt. Es spricht für die Achtung, die der Vater genoß, daß man ihn in Sotto il Monte zum Friedensrichter wählte. Einige Jahre nach Angelos Geburt zog er mit seiner stetig wachsenden Familie in ein benachbartes größeres Haus, in die Meierei La Colombera. Unnachgiebig blieb er auch dort in seiner Sparsamkeit, die, wie man gesagt hat, «einen Schotten zum Erröten gebracht hätte». Er liebte es, seiner Frau, die wegen der vielen Kinder nicht mehr selbst auf dem Feld arbeitete, die heranreifende Ernte, gleichsam als ein Versprechen, zu zeigen. Aber Marianna hatte «so viel zu tun, daß sie keine Zeit mehr zum Reden fand und schließlich ganz schweigsam wurde»[100]. 1919 gelang

Das Geburtshaus

Familienangehörige bei der Papstkrönung im Petersdom

es Giovanni Battista Roncalli, die Colombera und 4 Hektar Land, die dazu gehörten, mit Hilfe eines Darlehens von Graf Morlani käuflich zu erwerben.

Dieses Haus, ein zweistöckiger, gelbstuckierter Ziegelbau aus dem 17. Jahrhundert, bot den Roncalli zu jeder Zeit genügend Platz. 1935 ist Giovanni Battista Roncalli, einundachtzigjährig, in der Colombera gestorben. Marianna Roncalli, die ihren Mann um vier Jahre überlebte, starb in Camaitino. Ihr Wunsch, vor ihrem Tod in die Colombera zurückzukehren – für sie zählte die casa paterna mehr als die mittelalterliche Tradition, die ihrem Sohn Camaitino kostbar machte –, ging nicht in Erfüllung. In einem Brief an einen Freund hat dieser von dem für ihre Denkweise bezeichnenden Wunsch berichtet: *Meine arme Mutter hatte mir gesagt, daß sie nicht in meinem Haus sterben wollte, obwohl es bürgerlich* (signorile) *ist und mit allen Annehmlichkeiten ausgestattet [...] Sie ist gestorben in Camaitino, von der Besorgnis ihres fernen Sohnes und der Liebe ihrer anderen Söhne und Töchter umgeben. Aber am Vorabend des Begräbnisses begleitete sie der traurige Leichenzug ihrer engsten Angehörigen beim Angelusläuten in ihr altes Haus, wo ihre sterbliche Hülle die letzte Nacht über der Erde verbrachte.*[101]

Am 25. November 1881 wurde dem Ehepaar Roncalli der erste Sohn geboren. Das gesunde Kind sollte, wie es üblich war, am selben Tag getauft werden: in der ganz nahe gelegenen Kirche, auf die Namen Angelo Giuseppe. Sicher ist ferner, daß das Wetter an diesem Tag unfreundlich war und Don Rebuzzini zunächst abwesend. Aus diesen wenigen Fakten, verwirrt durch das Mißverständnis, bei der Taufkirche habe es sich um die

Bischof Guindani von Bergamo

über dem Ort gelegene Kirche San Giovanni gehandelt, hat frommer oder erzählerischer Eifer eine Legende gebildet, an der man die Schwierigkeit, von der Kindheit eines Papstes zu berichten, gut erkennen kann. Da trägt die Wöchnerin bei Regen und Kälte das Kind den Berg empor und wartet oben frierend, aber ergeben – «aus welchem Holz sind diese Bauern geschnitzt». Viele Varianten: man wartete in der zugigen Kirche (oder im Pfarrhaus), Mutter Marianna war dabei (oder sorgte sich daheim um das Kind), Don Rebuzzini war verreist (oder zu einem Schwerkranken gerufen worden), die Tramontana, ein eisiger Nordwind, blies (oder nach strahlendem Sonnenschein kam ein Gewitter, während der Wartezeit oder während der Zeremonie), die Taufe verzögerte sich bis nach dem Angelusläuten (oder bis in die Nacht). Garrett setzt das Gewitter sogar mit jenem anderen in Verbindung, das während des Ersten Vatikanischen Konzils, am 18. Juli 1870, bei der Promulgation der Unfehlbarkeit über Rom niederging und die Peterskirche in Finsternis hüllte.[102]

Wie Leo XIII. sagte: «Gott hat unsere Lügen nicht notwendig.»[103] Bei der Taufe in Brusicco, bei der «zio barba» (Großonkel Zaverio) Pate war, geschah nichts Ungewöhnliches – es sei denn, man faßt es symbolisch auf, daß der Täufling auf seine Stunde warten mußte.

Die dreizehn Kinder des Ehepaars Roncalli wurden im Zeitraum von neunzehn Jahren, zwischen 1877 und 1897, geboren. Angelo war das vierte Kind. Neben Maria Caterina, an die ihm wohl keine Erinnerung bewußt war, hatte er noch zwei ältere Schwestern, Teresa (1879–1954) und die von ihm sehr geliebte Ancilla (1880–1953). Es folgten ihm noch fünf Knaben und drei Mädchen.[104] Die Namen seiner Geschwister und die anderer Verwandten kehren in den Briefen des Papstes immer wieder, oft wendete er sich auch direkt an einen von ihnen, mit Glückwünschen oder anteilnehmend an Sorgen.

Von seinen Geschwistern hatte der Papst, als er 1958 gewählt wurde, 23 Nichten und Neffen. Die Verheirateten unter diesen hatte er selbst getraut, während seiner Sommerferien in Sotto il Monte oder in Venedig. Zu den Genannten kamen die Schwäger und Schwägerinnen ersten und zweiten Grades und von allen diesen Verwandten die Kinder und Kindeskinder. Pallenberg berichtet, der Vatikan habe, um Betrüger zu entlarven, eine Liste der Personen drucken lassen, die zu Recht eine auch noch so entfernte Verwandtschaft mit dem Papst für sich in Anspruch nehmen konnten. Diese Liste wurde diskret an Behörden verschiedener Diözesen verteilt. Es handelte sich um fast 400 Personen.

Johannes XXIII. selbst hatte nach seiner Krönung von den Angehörigen Abschied genommen. Er hatte sie zu dieser Feier eingeladen, und sie kamen aus Sotto il Monte in zwei Omnibussen ... Nach der Krönung empfing der Papst seine Familie in Audienz. Bei dieser Gelegenheit teilte er ihnen mit, daß sie nun nicht mehr wie bisher mit ihm verkehren könnten, sondern ihm durch seinen Sekretär Capovilla schreiben müßten, der für alle ihre Anliegen ein offenes Ohr haben werde. Und er verabschiedete sich von ihnen mit den Worten: *Auf Wiedersehen – im Himmel.*

Als sein Bruder Zaverio zur Welt kam, mußte Angelo den Platz in der Wiege neben der Mutter räumen. Nun schlief er zunächst in einem Weidenkorb, dann – als sein Bruder erneut nachrückte – auf einem Strohsack in der Stube des «zio barba». Das war der Beginn seiner besonderen Beziehung zu Großonkel Zaverio, die seine religiöse Prägung und vielleicht auch seine Berufswahl mitbestimmt haben dürfte.[105] Der Onkel war eigenwillig und fromm, er las die Bibel und Heiligengeschichten, in seiner Stube hingen religiöse Bilder – vermutlich billige Öldrucke. Dieser alte Mann war der erste Religionslehrer des künftigen Papstes, der später in Briefen an die Familie wiederholt gemahnt hat, den Kindern beizeiten Heiligenbilder zu zeigen.[106] Auf den Knien des «zio barba» lernte er das Vaterunser.[107]

Während des Tages befand sich Angelo – mit Kosenamen Angelino – zumeist in der Obhut der älteren Schwestern. Der bäuerliche Hof mit seinen zahlreichen Lebewesen und mannigfachen Tätigkeiten bot ihm, zunächst durch Zusehen und Spiel, dann durch Mitarbeit, die Erfahrung eines natürlichen Ganzen. Die Kinder ersetzten das Gesinde. Man erinnert sich in Sotto il Monte, das Angelo Rübenstecklinge setzte, Mais und Trauben erntete, das Vieh versorgte und den Dünger aufs Feld brachte. Die erwachsenen Mitglieder der Familie rackerten sich von früh bis spät. Die Pflichten des Knaben waren vermutlich nicht drückend. Von Anfang an waren es ernsthafte, nach den Jahreszeiten bemessene Aufgaben, die sachgerecht angepackt sein wollten.

Selbstverständlich wurde Angelo angehalten, sich an den religiösen Übungen der Familie zu beteiligen, wurde also mit Litaneien und vor allem mit dem Rosenkranz vertraut, von dem der spätere Urheber einer Rosenkranz-Enzyklika bekannte, daß er als Kind dabei oft lieber weggelaufen wäre. Die Roncalli besuchten auch bei jeder Gelegenheit die Messe. Mit seinen Geschwistern nahm Angelo an Besuchen nahe gelegener Heiligtümer teil. Er wurde Ministrant im nahe gelegenen Franziskanerkloster. Bereits mit sieben Jahren ließ ihn Don Rebuzzini zur Erstkommunion zu und nahm ihn in die Vereinigung des Gebetsapostolats auf. Ein Jahr später, am 13. Februar 1889, wurde Angelo durch Bischof Guindani im nahe bei Sotto il Monte gelegenen Carvico gefirmt.

Schon der Sieben- und Achtjährige scheint sich mit der Idee beschäftigt zu haben, Priester zu werden. Genaugenommen bedeutete dies, daß er wünschte, wie Don Rebuzzini zu sein. Angelo mag beobachtet haben, daß der Pfarrer noch mehr als sein Onkel Zaverio mit Gebeten, Büchern und religiösen Gegenständen lebte und wie niemand anders im Dorf geachtet war. Von Onkel Zaverios Zimmerfenster aus sah das Kind die Kirche. Auf die Frage nach dem Ursprung seines Priestertums hat er als Papst einmal erzählt – geschah es mit ein wenig augenzwinkerndem Spott? –, daß diese Gnade wahrscheinlich auf ihn gekommen sei, als er durch das Fenster beobachtete, wie ehrerbietig die Dorffrauen Don Rebuzzini begegneten.[108] Bald nannte man ihn in der Nachbarschaft «den kleinen Pfarrer». Offenbar übertraf er Gleichaltrige durch gelegentliches gesetztes Betragen und Gebetseifer. Von seinen Eltern wurde er als der erste Sohn etwas bevorzugt. Für die jüngste Generation von dem Hof fiel ihm, wie Onkel Zaverio für die ganze Familie, eine Führerrolle zu. Wir wissen nicht, ob das Vorgefühl seiner künftigen Bestimmung in Angelo so deutlich war, daß er zu Don Rebuzzini davon sprach, aber gewiß fiel er diesem auf durch Gaben und Anstand, eine angeborene Fähigkeit, den Menschen sympathisch zu sein. Don Rebuzzini war nur der erste von vielen Lehrern und Vorgesetzten, die bereit waren, ihn als ihren Schützling zu fördern. Es war mehr als nur Zufall, daß er wiederholt zur richtigen Zeit die Menschen, auf die es ankam, für sich zu gewinnen wußte, obwohl bei solchen Gelegenheiten eine auffällige Bemühung darum von seiner Seite nicht erkennbar ist – seine einfache Herkunft machte ihn eher zurückhaltend und stolz.

In der Gemeindeschule fiel er zwar durch Intelligenz, aber keineswegs durch besondere Leistungen auf. Er war noch nicht ganz sechs, als er in diese Schule kam – in Camaitino, später in Monasterolo –, und er besuchte sie drei Jahre. Immer noch mehr Bauernjunge als Schüler, beschäf-

Onkel Zaverio

tigte ihn das Lernen erst an zweiter Stelle. Von kleinen Übeltaten wird berichtet, so vom Diebstahl von Kürbissen – Vorgänge, die ihn als einen Jungen wie andere zeigen. Später schrieb er an die Eltern, er wisse, daß er von den Geschwistern der Schlimmste gewesen sei.

Nun aber suchte Don Rebuzzini die Familie auf und schlug vor, Angelo Lateinunterricht geben zu lassen, damit er die höhere Schule – gedacht war an das Bischöfliche Kolleg in Celana – besuchen könne. Das Ziel einer solchen Ausbildung konnte für ihn nur der Priesterberuf sein. Es heißt, daß Marianna Roncalli sogleich eingewilligt habe, ihr Mann dagegen erst nach einigem Widerstand. «Er ist der Sohn eines armen Bauern und er wird ein armer Priester werden.»[109] Als Vater brachte er ein doppeltes Opfer: nicht nur willigte er in die künftige Trennung von dem Kind, er büßte auch die beste Arbeitskraft ein, die ihm bei der Erreichung der eigenen Ziele künftig fehlen würde. Den Sohn der Kirche geben, hieß ihn verlieren. Was dem Empfinden der Mutter schmeicheln mochte, konnte ihn nicht in gleicher Weise befriedigen. Ferner fürchtete er wahrscheinlich die Kosten der Ausbildung, auch wenn man sich grundsätzlich darüber einig war, daß die Familie diese nicht würde tragen können.

Don Bolis, ein jüngerer Mitbruder Don Rebuzzinis, Pfarrer in Carvico, übernahm den Lateinunterricht; sein Kurat, Don Bonardi, erbarmte sich

Angelos Italienisch – im Elternhaus sprach dieser ja nur bergamaskisch. Beide Lehrer erzielten nur begrenzte Erfolge. Roncallis Italienisch behielt zeitlebens einen regionalen Akzent, und lateinische Konversation übte er noch als Papst, denn er war in dieser Sprache nicht so sicher – aber das verband ihn mit noch anderen Konzilsvätern –, wie es sein strenges Lehrschreiben zur Pflege des Lateinischen *Veterum sapienta* suggerieren könnte. Die Probe auf seine Lernfähigkeit gestaltete sich schwieriger, als Angelo erwartet haben mochte. Don Bolis schalt und prügelte den Knaben, der nicht im geforderten Tempo folgen konnte. Er ließ ihn wohl auch eine halbe Stunde vor dem Haus in der Kälte knien. Niemand wunderte sich darüber, italienische Pfarrer waren als strenge Lehrer bekannt, und wie anders sollte man wohl auch einem Bauern Caesar beibringen? *Es haftete in meinem Kopf nur bei einem Verhältnis von einem Hieb zu jedem Wort.*[110] Die Beobachter des Experiments drängten zur Eile. Und so eroberte man denn in Carvico auf Caesars Spuren ein weiteres Mal Gallien, Schlag um Schlag.

Nach einigen Monaten Privatunterricht unterzog Angelo sich der Aufnahmeprüfung in Celana. Danach steckte man ihn, um Zeit zu sparen, in die dritte Gymnasialklasse, für die er noch viel zu jung war. Nachträglich läßt sich vermuten, daß seine Leistungen unter anderen Bedingungen genügt hätten; so erwiesen sie sich schon bald als nicht ausreichend.

Angelo trat nicht in das Internat ein, sondern blieb Externer. Auch diese Sparmaßnahme trug dazu bei, ihn zum Außenseiter zu machen. Die Zöglinge des Kollegs kamen zumeist aus dem Mittelstand, und Angelo war in seiner Klasse nach der sozialen Herkunft der letzte. War er für den Privatunterricht täglich zwischen Sotto il Monte und dem benachbarten Carvico hin und her gelaufen, so pendelte er nun zwischen Celana und Ca' de Rizzi, einem Ortsteil von Pontida, wo man ihn bei einer Familie Colombi untergebracht hatte, die mit den Roncalli verwandt war. Nur am Wochenende kehrte Angelo über den Monte San Giovanni in das Elternhaus zurück, beladen mit einem Bündelchen gebrauchter Wäsche und den eigenen Schuhen, die zu schonen er angehalten war.

Den täglichen Schulweg, den «marcia su Celana»[111], legte er mit Pietro Donizetti, einem Mitschüler, zurück, der später Professor in Bergamo wurde. Wenn die Kinder die Schule erreichten, begrüßte sie über dem Portal zunächst die Marmorbüste des Kardinals Carlo Borromeo, der das Institut im 16. Jahrhundert gemäß den Forderungen des Konzils von Trient als Priesterseminar gegründet hatte. Es war Roncallis erste Bekanntschaft mit den Reformwerken des großen Mailänder Erzbischofs, der für seine wissenschaftliche Arbeit und für seine Aszetik später eine so bedeutende Rolle spielen sollte. Das Seminar war in ein geistliches Gymnasium umgewandelt worden, das auch auf weltliche Berufe vorbereitete, jedoch vor allem eine gute religiöse Erziehung vermitteln sollte.

Zumindest seine Mitschüler verfuhren jedoch wenig christlich mit Angelo. Einmal wurde er in der Schule mit einigen Äpfeln erwischt; das war nach der Hausordnung verboten. Er erklärte, daß er die Äpfel (nach einer anderen Version handelt es sich übrigens um Zigaretten) im Auftrag von Internatsschülern eingeschmuggelt habe, aber diese bestritten ihre Beteiligung. Der Rektor der Schule schrieb einen Brief an Don Martinelli, Pfarrer von San Gregorio – etwas westlich von Celana –, der für Angelo das Schulgeld zahlte. Angelo jedoch vernichtete den Brief. Als Don Martinelli dem Knaben auf die Schliche gekommen war, brachte er die Angelegenheit in Celana in Ordnung, denn er glaubte Angelos Versicherung, daß er ungerecht behandelt worden sei. Diese halbe Tragikomödie hat das empfindliche Ehrgefühl des Kindes jedoch ernstlich verletzt; noch in Venedig sprach Patriarch Roncalli von der Versuchung, die für Männer seit den Tagen Evas von Äpfeln ausgehe.

Vor allem waren seine Schulleistungen mangelhaft. Weder in Italienisch noch in Latein, weder in Arithmetik noch in Geometrie, nur in Religion befriedigte er.

Als Angelo bei den Verwandten in Ca' de Rizzi nicht mehr bleiben konnte, weil es Streit wegen einer Erbschaft gab, schwand die Aussicht, in Celana als Externer doch noch zu bestehen, vollends dahin. Der Junge lief nunmehr täglich den ganzen Weg von Sotto il Monte nach Celana und zurück, war aber nach der Heimkehr zu müde, um noch zu lernen. Da meldete ihn der Vater in der Schule ab, der Traum von einer höheren Ausbildung schien zu Ende.

Sehr wahrscheinlich hätten die Roncalli sich mit dem Fehlschlag abgefunden, der ihre geheimen Bedenken eher bestätigte. Don Rebuzzini aber ließ sich nicht entmutigen. Alles kam jetzt auf einen urteilsfähigen Menschen an, und als dieser erwies sich der Pfarrer. Angelo brauchte offenbar Ruhe und Zeit; sein Platz war das Seminar in Bergamo, wohin er von Anfang an gehört hatte. Vor allem benötigte er also einen Wohltäter.

Es sind noch die Strukturen der Feudalordnung, denen wir hier begegnen: geistliche Hierarchie, die aber – das macht die Kirche in diesem Punkt zur demokratischsten Ordnung der Welt – dem Begabten und Formbaren nicht verschlossen ist, woher er auch kommt, und adliges Mäzenatentum. Gelegentlich eines Besuchs des Grafen Don Giovanni Morlani – eines Bruders des Pachtherrn der Roncalli – in Sotto il Monte stellte Don Rebuzzini Angelo vor. Morlani war damals Prior von Santa Maria Maggiore in Bergamo, später wurde er Kanonikus an St. Peter in Rom. Er erklärte sich bereit, die Unterhaltskosten für Angelo bis zur Priesterweihe zu übernehmen. Danach führte die wappengeschmückte Kalesche den deus ex machina in diesem ländlichen Schuldrama wieder von hinnen. Man vertiefte sich erneut in Caesars «De bello Gallico». Die Mutter unternahm einen Rundgang zu sämtlichen Verwandten, um dem Kind wenigstens etwas Taschengeld ins Seminar mitgeben zu können. Dieser Bittgang währte den ganzen Tag, und als Marianna Roncalli am Abend heimkehrte, legte sie schluchzend 2 Lire auf den Tisch. Mehr hatte sie nicht bekommen. Ende Oktober 1892 war es soweit. Der Schimmel der Familie Roncalli trabte mit dem Wägelchen, in dem Großonkel Zaverio, der Vater und Angelo saßen, nach Osten. Die Türme und Denkmäler, die Brunnen und Kirchen Bergamos erschienen vor dem staunenden Blick des Elfjährigen. Er hatte noch nie eine Stadt gesehen.

Bergamo und Rom

Vielleicht hätte es Angelo enttäuscht, wenn er gewußt hätte, daß man Bergamo anderswo den «Backofen der Geistlichkeit» nannte, weil es regelmäßig so viele Priester hervorbrachte wie keine andere Diözese. War das ganze Bergamasker Land «Cattolicissima terra», so war Bergamo die katholischste Stadt Italiens. Fast 30 Jahre, kürzere und längere Unterbrechungen abgerechnet, sollte der Seminarist, bischöfliche Sekretär, Professor und Spiritual hier zu Hause sein. Was immer er in der ersten Zeit dort empfunden haben mag – vielleicht hatte er nur Furcht und schon bald Heimweh –, Bergamo wurde für ihn wichtiger als jeder andere Ort, an dem er gelebt hat, Rom nicht ausgenommen. Auch Italien war für ihn vor allem Bergamo, insofern der Nationalstaat noch ein relativ junges Gebilde darstellte – im Kampf mit der Kirche entstanden und jahrzehntelang nicht mit ihr versöhnt –, während die regionalen Traditionen in Bergamo mächtig waren, so die fast 400 Jahre währende Bindung an Venedig.

Bergamo war eine typische Provinzstadt, der natürliche Mittelpunkt einer fruchtbaren Region. Die einstige starke Bergfestung Bergomum, der Caesar die Stadtrechte verliehen hatte, wurde ein langobardischer Herzogssitz, dann die Stadt der Visconti, schließlich ein vorgeschobener Stützpunkt der Serenissima gegen Mailand. Napoleon erhob es zur Hauptstadt der Cisalpinischen Republik, der Wiener Kongreß schlug es zu Österreich, dem es bis 1859 widerwillig gehörte. Nun regiere das Haus Savoyen.

Folgt man den Spuren Roncallis in Bergamo, so leiten einen diese vor allem in die Oberstadt (Bergamo Alta) auf dem einst mit Bastionen umringten steilen Hügel, die kirchlich noch immer den Kern bildet. «Città assoluta» hat Le Corbusier diese Bergstadt genannt. Von den alten Wällen, die zu mit schönen Kastanien bestandenen Promenaden geworden sind, sieht man die Bergamasker Alpen und die immer noch sich ausdehnende Unterstadt (Bergamo Bassa) in der weiten Ebene.

Auch vom Klerikerseminar, unmittelbar an der Umwallung, bietet sich ein großer Ausblick. Roncalli zog aber dort erst später ein. 1892 kam er zunächst in das Vorbereitungsseminar.

Die Kirchen, Paläste und alten Häuser in der verwinkelten Oberstadt wird er erst nach und nach kennengelernt haben, aber bis 1920 bildeten sie seinen Lebensumkreis und auch später kehrte er, wenn er seinen Urlaub in Sotto il Monte verbrachte, fast alljährlich in die Bischofsstadt zu-

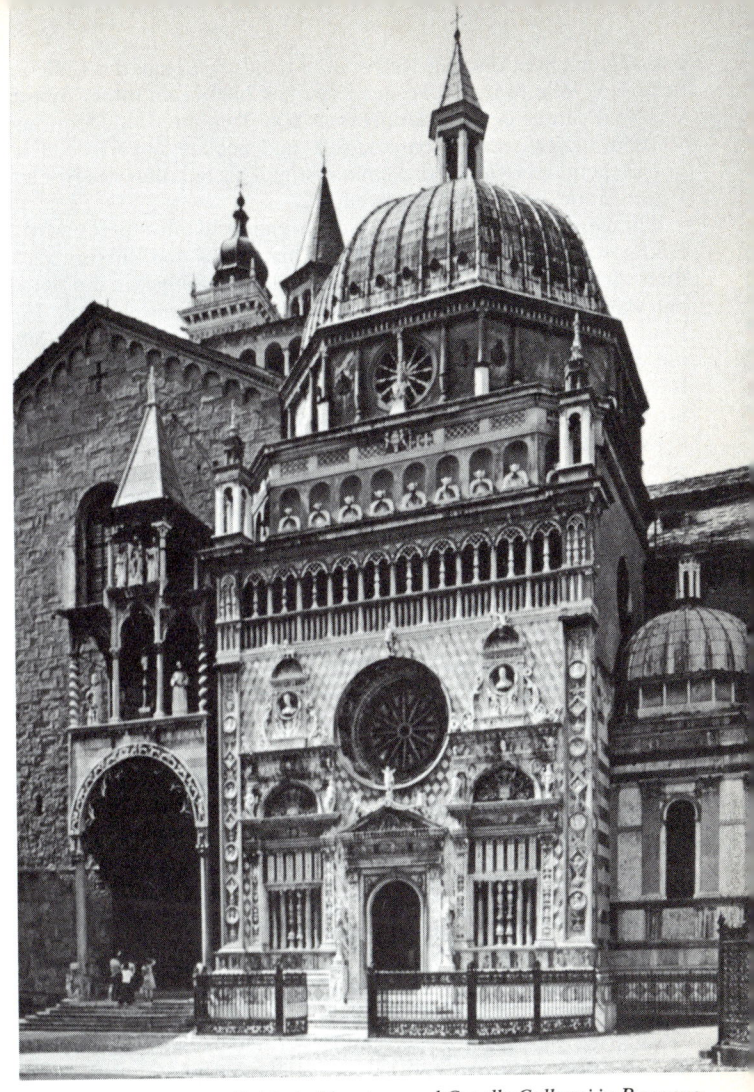

S. Maria Maggiore und Capella Colleoni in Bergamo

rück: Santa Maria Maggiore mit dem Grab Donizettis, prächtigem Chor und löwengeschmückten Portalen, über deren einem die Reiterfigur des hl. Alexander, des Stadtpatrons, eines römischen Märtyrers, aufragt; Roncalli hat ihn oft angerufen. An der Achthundert-Jahr-Feier der berühmten Kirche 1937 nahm er an der Seite von Kardinal Schuster, dem damaligen lombardischen Metropoliten, teil. Das Haus des Colleoni und der prunkvolle Marmorbau der Capella Colleoni: in ihrem Innern sein Grabmal, unter den Deckenfresken von Tiepolo. Der Dom aus dem 15. Jahrhundert, später barockisiert und soeben (1886) noch einmal grundlegend renoviert. Als Seminarist und als Sekretär des Bischofs hat Roncalli dort besonders oft geweilt.

Allmählich – später erwies er sich da glänzend informiert – wird er die Stadtgeschichte in sich aufgenommen haben, die den Bürgern als Stütze ihres dickschädeligen Elitebewußtseins diente. So hatten die Bergamasken während des Risorgimento eine bedeutende Rolle gespielt. Von nirgendwo waren Garibaldi so viele Freiwillige gefolgt wie von hier. Sie dienten dem Verteidiger des republikanischen Rom um der gemeinsamen Belange willen, aber mit einem papsttreuen Herzen. Bei dem späteren Streit um die Teilnahme der Katholiken an staatlichen Wahlen sollte dieses Verhalten sich in gewisser Weise wiederholen: das Verbot des Papstes, zu wählen, wurde nirgends treuer befolgt als in Bergamo[112], und doch verstand man dort zuerst, daß der Zustand, der sich daraus ergab, nach Änderung verlangte. Die Fähigkeit, standfest und doch beweglich, orthodox und doch liberal zu sein, die Roncalli auszeichnete, war auch ein Stück Bergamasker Tradition.

Schon früh hatte es in Bergamo ein künstlerisch betontes Handwerk gegeben, vor allem die Seidenindustrie. Die Empfänglichkeit für das Ästhetische zeigte sich auch noch in anderer Weise. Dem europäischen Theater hat Bergamo eine unsterbliche Figur geschenkt: In den Typen der commedia dell'arte sind die unterschiedlichen Charaktere und besonderen Mundarten der italienischen Provinzen repräsentiert – aus Bergamo kam der Harlekin. Dort bestimmte Donizetti noch den Geschmack, als in Mailand bereits Verdi triumphierte. Der lokale Patriotismus hielt an der Formensprache einer älteren Epoche fest. Auch Roncalli bevorzugte die graziöse Musik Donizettis vor jeder anderen, daneben die von Ponchielli, Mozart und die italienischen Meister vor Bach.

Johannes XXIII. hat die Bindung an Bergamo nie verleugnet. So oft und gern sprach er von seiner Herkunft, daß er gelegentlich entschuldigend die Worte des hl. Hieronymus hinzufügte: *«Ich bin von Dalmatien, verzeiht mir.»*[113] Wie bei ihm so oft erscheint alles untrennbar miteinander verbunden: die Stadt, die Region, die Diözese, ihre Menschen, ihr spezifischer Katholizismus – das war seine leiblich-geistige Heimat. Als er sich am Ende seines Lebens von dem Bergamasken Manzù porträtieren ließ, huldigte er auch damit noch einmal den guten Geistern seines Ursprungs.

Das Seminar in Bergamo ist – wie das Institut in Celana – von Carlo Borromeo gegründet worden. Von Gregorio Barbarigo wurde es reformiert. Auch ignatianischer Geist war lebendig, weil nach Aufhebung der Gesellschaft Jesu einige Väter Zuflucht gefunden hatten.

Über die Jahre, die Angelo Roncalli im Vorbereitungsseminar verbrachte, sind wir so gut wie nicht informiert. Am 24. Juni 1895 erhielt der noch nicht Vierzehnjährige, den seine Geschwister von nun an siezen mußten, das geistliche Gewand und die erste Tonsur. Danach wurde er in das eigentliche Priesterseminar aufgenommen. Es scheint, daß seine Oberen mit ihm zufrieden waren, denn bereits im gleichen Jahr bekam er von seinem Spiritual die «Kleinen Regeln» – die dieser nur einigen der besten Alumnen vertraulich mitteilte – und die Erlaubnis, sie anzuwenden. Diese *«Lebensregeln, welche die Jugend befolgen soll, wenn sie auf dem Wege der Frömmigkeit und der Studien Fortschritte machen will»*, die Angelo sich abschrieb, bilden die ersten Seiten seines *Geistlichen Tagebuchs*.

Die «Kleinen Regeln» umfassen im Druck mehrere Seiten: es sind Vorschriften zu religiösen Übungen, die «Für jeden Tag», «Jede Woche», «Jeden Monat» und «Jedes Jahr» gelten, daneben solche, die «Zu jeder Zeit» zu beachten sind, ferner «Besondere Regeln für junge Menschen, die das geistliche Gewand tragen», «Zusätzliche Bemerkungen» und ein besonderer «Hinweis» (Empfehlung zum Tragen des Bußgürtels, «vor allem in der Kirche, da dies die Ausdauer stärkt und ein gutes Beispiel gibt»). In ihrem Bemühen um Abtötung der menschlichen Natur sind diese Regeln von enzyklopädischer Vollständigkeit.[114]

Schwerlich war die Mauer um das Seminar in Bergamo so hoch wie der Wall, der das Bewußtsein des modernen Lesers von diesen Texten trennt. Über Angelo Roncalli sagen sie wenig aus; mehr über das Seminar in Bergamo. Es war die Leistung Roncallis, daß er sich in der formalistischen Buchstabenfrömmigkeit der ihm vermittelten Erziehung nicht verfing, sondern die zugrunde liegende Idee zu fassen vermochte und umzusetzen wußte in ein «ständiges, fast möchte man sagen hartnäckiges Wachstum, wenn auch stets nach dem überaus langsamen Rhythmus der Natur und der Gnade», wie Giulio Bevilacqua – Oratorianer in Brescia, später Kardinal – zum Verständnis von Roncallis geistlichem Tagebuch formuliert.[115] Roncalli und viele andere vorzügliche Priester der nachtridentinischen Zeit haben Christus gefunden mit Hilfe oder vielmehr trotz eines solchen Regelwerks: man muß den Baum nach seinen Früchten beurteilen, gibt Bevilacqua abschließend zu bedenken.

Acht Jahre gehörte Angelo Roncalli dem Seminar in Bergamo als Schüler an, oblag er dort den Gymnasial- und Lyzealstudien. Im Alter von sechzehn Jahren, 1897, wurde er Präfekt im Schlafsaal seiner Klasse – angeblich eine Auszeichnung für Schüler von wissenschaftlicher Befähigung, obwohl die Aufgabe vor allem darin bestand, für die äußere Disziplin der Gruppe zu sorgen. Wieder ein Jahr später erhielt er die niederen Weihen; 1900 bestand er die Abschlußprüfung des Lyzeums. Er war gut in Latein, Theologie und Philosophie; ausgezeichnet nur in Geschichte.

Es ist verständlich, daß ihn das Seminar dem Elternhaus und der Familie weitgehend entfremdete. Zwar verbrachte der Junge die Ferien daheim in Sotto il Monte, aber sie erwiesen sich zunehmend als eine kritische Zeit, nach der er sich nicht sehnte. *In einem Punkt habe ich am meisten gefehlt,* schreibt er am 22. April 1898 im Tagebuch. *So wie es meinem Charakter entspricht: Ich wollte den Gescheiten spielen, über alles urteilen und meine Meinung überall durchsetzen.* Er betrachtet das als eine *Warnung* für die nächsten Ferien[116], aber als diese begonnen haben, hat er schon nach drei Tagen genug. *Angesichts von so viel Elend, von so viel Mißtrauen umgeben, und von Ängsten bedrückt, muß ich oft seufzen, manchmal sogar weinen. Wie viele Demütigungen! Ich möchte ja nur Gutes tun und alle aufrichtig lieben, auch die, welche mich nicht besonders zu mögen scheinen, und am Ende halten sie mich für einen ganz schlechten Kerl.*[117] Auch mit den Eltern gab es Konflikte. Liest man die Vorsätze, mit denen er sich plagte, die Regeln, die ihm aufgegeben waren, und die Sprache, deren er sich bediente, so scheint nichts an der Krise, die er durchzustehen hatte, überraschend zu sein.

Im September 1900 kam der Seminarist zum erstenmal nach Rom. Dabei handelte es sich um eine Pilgerfahrt, die ihn auch nach Loreto und Assisi führte. In Loreto, wo man gerade den Jahrestag des Sieges über den Kirchenstaat feierte, wurde er in seinem geistlichen Gewand geschmäht und beschimpft.[118]

Wenige Monate später kehrte er als Stipendiat an den Tiber zurück, Alumnus des Päpstlichen Römischen Seminars, das nach der nahe gelegenen Kirche San Apollinare zumeist kurz «Apollinare» genannt wurde. Seine Professoren waren Weltgeistliche; das Seminar galt als der von Jesuiten geleiteten Gregorianischen Universität ebenbürtig. Die Mittel für das Stipendium stammten aus einer 1640 erfolgten Stiftung des Kanonikers Flaminio Cerasoli, der sein Vermögen für die Ausbildung befähigter Studenten aus Bergamo zur Verfügung gestellt hatte. Gregor XVI. verband diese Stiftung mit dem Römischen Seminar; das «Nobile Collegio Cerasoli»[119] besaß aber eine gewisse Selbständigkeit. Das Seminargebäude war ein altersgraues Haus, das seinen Bewohnern eine eher spartanische Unterkunft bot. Roncalli, von Bergamo her nicht verwöhnt, schrieb freilich nach Hause: *Wir leben hier wie Herren.*[120]

Unter den Studenten des Kollegs war auch Ernesto Buonaiuti, später eines der bekanntesten Opfer des Modernismusstreites. Rektor des Seminars war in Roncallis Studienzeit Mgr. Bugarini; Spiritual P. Pitocchi, ein Redemptorist, der für Roncalli, der ihn bewunderte, von großer geistig-religiöser Bedeutung war.[121] Die Disziplin war streng, die Studenten durften noch nicht einmal den «Osservatore Romano» lesen, geschweige denn andere Zeitungen. Dafür kursierten damals in den Seminaren heimlich hektographierte Schriften, die die neuen theologischen Ideen propagierten.

Die lange Reihe der überlieferten Briefe Roncallis an seine Familie – in der Ausgabe Capovillas 727 Nummern – beginnt nach seiner Ankunft im Cerasoli-Kolleg. Ihr Ton ist ein sehr anderer als der des geistlichen Tagebuchs, ihr Verfasser ist, die zeitbedingten Einkleidungen des Stils abgerechnet, ein frischer junger Mensch, der sich freilich seines Standes als «Kleriker» bereits sehr deutlich bewußt ist. *Ich kann Euch nicht all die Sehenswürdigkeiten schildern, denen man hier begegnet*, schreibt er in seinem ersten Brief. *Vorgestern abend zum Beispiel wohnte ich einer Akade-*

Angelo Roncalli als Seminarist in Rom, Juli 1901

mie bei, die im Propaganda-Fide-Kolleg stattfand und bei der ich 40 Kleriker, die dort studieren, um als Missionare in ihre Länder zurückzukehren, ihre Aufsätze in 40 Sprachen vortragen hörte. Wenn ihr das gesehen hättet! Da waren alle Farben vertreten, weiße, gelbe, rote. Einige hatten das Gesicht, die Hände schwarz wie Kohle. Und der Papst? Ich konnte ihn am Sonntagabend in St. Peter inmitten von Tausenden von Lichtern sehen. Ich konnte nahe bei ihm sein; ihn gut sehen und seinen Segen empfangen. [...]

N. B. Meine Anschrift lautet: An den ehrwürdigen Kleriker Angelo Roncalli. Seminario Pontificio S. Apollinare. Piazza S. Apollinare. Rom.[122]
Roncalli begann den vierjährigen theologischen Studiengang – er hatte in Bergamo schon ein Jahr absolviert – noch einmal von vorn (und nun auf akademischem Niveau), weil er wegen seiner Jugend keinen Zeitverlust erlitt, wenn er seine Studien streckte. Erst wenn er 25 Jahre alt war, konnte er zum Priester geweiht werden. 1901 wurde sein römischer Aufenthalt durch den Militärdienst unterbrochen. Im Januar wurde er gemustert und für tauglich befunden, Ende November rückte er als Freiwilliger ein. Wie die «Einjährigen» im deutschen Reich und in Österreich-Ungarn konnten Studierende und Seminaristen in Italien, die «freiwillig» einrückten, den Truppenteil wählen. Nach einjähriger Dienstpflicht wurden sie als Unteroffiziere entlassen, im Anschluß an wiederholte mehrwöchentliche Wehrübungen rückten sie nach einigen Jahren zu Reserveoffizieren auf. Roncalli meldet sich zur Infanterie; in der Brigade Lombardei diente er im 73. Infanterieregiment in der Kaserne Umberto I. in Bergamo: ein kräftiger junger Mann, der auf überlieferten Fotos aussieht wie ein typischer italienischer Soldat. Über Roncallis Militärjahr ist wenig bekannt. Am 31. Mai 1902 wurde er turnusgemäß zum Korporal befördert, am 30. November als Sergeant ehrenvoll entlassen. Sein verständiges, freundliches Wesen, sein Sinn für Disziplin und Kameradschaft werden ihn befähigt haben, sich auch in dieser Lebensform vorübergehend einzurichten. Das Tagebuch des Seminaristen spricht jedoch von dem großen Abscheu, den er empfunden habe. Während der *Exerzitien nach der Babylonischen Gefangenschaft* vom 10. bis 20. Dezember 1902 in Rom notiert er: *Ich kenne das Leben in der Kaserne, mich schaudert's [...] Wie häßlich ist die Welt, wie abstoßend, wie schmutzig. Während meines Militärjahres habe ich es mit Händen greifen können. Das Militär ist eine Quelle, aus der Fäulnis aufsteigt, um die Städte zu überschwemmen. Wer vermag sich aus dieser Flut von Schmutz zu retten, wenn Gott ihm nicht hilft?*[123]
Er nahm seine Studien am Römischen Seminar wieder auf; daneben bekleidete er nun die Stellung eines Präfekten der jüngeren Theologen.
Die ungewöhnlich umfangreichen Aufzeichnungen Roncallis während seiner unter Leitung P. Pitocchis durchgeführten Exerzitien im Dezember 1902 zeigen eine heftige Erregung seines Gefühls und seines Denkens. Unter dem 31. Dezember notierte er im Tagebuch: *An das Jahr 1902 werde ich mich immer erinnern. [...] Ich konnte meine Berufung verlieren wie so viele andere arme Unglückliche und habe sie nicht verloren [...]*[124]
Dabei ging es offenbar nicht nur um Versuchungen, die sich unmittelbar aus dem Leben in der Kaserne ergaben. Verglichen mit dem Leben im Seminar bedeutete die Militärzeit auch größere Ungebundenheit der Lektüre und des Gesprächs. Wenige Tage vor seinem Urlaub im November 1902 war Alfred Loisys Buch «Das Evangelium und die Kirche» erschienen. Bergamo war damals, wie man gesagt hat, «der geistige Rangierbahnhof für den Verkehr Italiens mit dem Ausland, namentlich mit Frankreich»[125]. Der *bald stürmische, bald einschmeichelnde Wind der*

Angelo Roncalli als Soldat in Bergamo, 1901

Modernität – der dann zum Teil in den sogenannten Modernismus entartete – wehte überall und war besonders in den ersten Monaten eine Versuchung für gar alle, wie Roncalli später geschrieben hat.[126] Vielleicht hat P. Pitocchi damals wesentlichen Einfluß darauf gehabt, daß der junge Roncalli die neuen Erfahrungen in einer Weise zu verarbeiten wußte, die ihn in keinen offenen Widerspruch brachte zur Kirchendoktrin. Daß er als ein Veränderter aus der Krise hervorging, belegt eine Tagebucheintragung vom Januar 1903. Dem dort Gesagten hat zuerst Willam eine zentrale Bedeutung für Roncallis geistige Entwicklung zugemessen. Über die Jahrzehnte hinweg schlägt sie eine Brücke von dem jungen Seminaristen zum Papst des Aggiornamento:

Da ich immer wieder darauf gestoßen worden bin, ist mir eines klar geworden: wie falsch die Auffassung ist, die ich mir von der Heiligkeit, der ich nachstrebe, gebildet hatte. Bei meinen einzelnen Handlungen, meinen kleinen, sofort erkannten Verfehlungen stellte ich mir das Bild irgendeines Heiligen vor, den ich mir in allem, auch in kleinsten Dingen, nachzuahmen vornahm, genau wie ein Maler ein Bild von Raffael kopiert. [...] Es ist ein falsches System. Von der Tugend der Heiligen muß ich das Wesentliche und nicht das Zufällige übernehmen. [...] Ich muß nicht die kümmerliche und dürre Reproduktion eines wenn auch noch so vollendeten Typs sein. Gott will, daß wir dem Beispiel der Heiligen solcherart folgen, daß wir das Lebensmark ihrer Tugend uns zu eigen machen, es in unserem Blut umwandeln und unseren besonderen Anlagen und Umständen anpassen.[127]

Im Juli 1903 starb Leo XIII., und Roncalli wurde als Zuschauer auf dem Petersplatz Zeuge des Konklave, aus dem der Patriarch von Venedig, Sarto, als Papst hervorging. Es war eine schwierige Entscheidung gewesen, der viele schwarze Rauchzeichen vorausgingen. Zum letztenmal hatte ein weltlicher Souverän, Kaiser Franz Joseph I. von Österreich, auf das Heilige Kollegium direkt Einfluß genommen, indem er durch Kardinal Puzyna von Krakau im Konklave sein Veto gegen den aussichtsreichsten Kandidaten, Rampolla, den Staatssekretär Leos XIII., ankündigen ließ. Durch eine Veröffentlichung des «Osservatore Romano» ist 1959 bekannt geworden, daß der fromme Sarto, als man ihn vor der Abreise zum Konklave zuredete, er werde der Erwählte sein, gelegentlich geantwortet hat: «Sollte es zutreffen, so will ich mich Johannes XXIII. nennen.»[128] Wahrscheinlich sagte er das, um auszudrücken, daß er ein solches Wahlergebnis für ganz unwahrscheinlich ansah. Es wäre jedoch gut möglich – sofern der Bericht der Vatikanzeitung zutrifft –, daß Roncalli diese Geschichte von Venedig her kannte, als er selbst 1958 ins Konklave ging. Sarto nannte sich nach seiner Wahl Pius X.

Als jungen Theologen mußte Roncalli das Ergebnis des Konklave natürlich brennend interessieren. Was die Entscheidung zwischen Rampolla und Sarto als Weichenstellung bedeutete, konnte er im vollen Umfang gewiß nicht ermessen. Freilich wurde schon damals gesagt: «Wehe der Kirche, die einen Papst bekommt, der nicht mehr versteht als das Brevier und die Bibel.»[129]

Ein Jahr später, im Juli 1904, erwarb er das Doktorat in Theologie. Beim schriftlichen Examen fungierte als Assistent Professor Pacelli (später Pius XII.). Am 10. August wurde Roncalli in der Kirche Santa Maria in Monte Santo an der Piazza del Popolo zum Priester geweiht. Am Altar assistierte Ernesto Buonaiuti.[130] *Als die Weihe vollzogen war und ich das ewige Treueversprechen in die Hände des weihenden Bischofs geleistet hatte, hob ich den Blick und sah das ehrwürdige Bild der Gottesmutter, das mir vorher – ich muß es gestehen – nicht aufgefallen war. Sie lächelte mir gleichsam vom Altar herab zu und schenkte mir mit ihrem Blick ein Gefühl von Milde und innerer Ruhe, ein Empfinden von Großmut und Sicherheit, so als wollte sie mir sagen, daß sie zufrieden sei und mich immer beschützt habe,* hat Roncalli 1912 über diese Tage in Rom geschrieben.[131] In der Krypta von St. Peter las er seine erste Messe. Der Vizerektor des Römischen Seminars, Mgr. Spolverini, der auch später Roncallis Werdegang

Papst Leo XIII.

Papst Pius X.

Graf Radini-Tedeschi, Bischof von Bergamo

mit Sympathie verfolgt hat, stellte ihn dem Papst vor, und dieser fand offensichtlich das richtige Wort für den jungen Menschen. Welch ein festliches Geläute das sein werde, dort oben in dem kleinen Dorf, in dieser schönen Landschaft bei Bergamo, an Mariä Himmelfahrt bei Roncallis Heimatprimiz, malte er sich lächelnd aus. Don Roncalli wußte, daß der Papst Kind armer Leute aus Norditalien war wie er. Er hat später immer wieder die Güte Pius' X. gerühmt und sich die Einfachheit dieses Papstes zum Vorbild genommen.

Bald nach dem Aufenthalt in Sotto il Monte kehrte er nach Rom zurück. Das nächste Ziel, das er nun anstrebte, war das Doktorat in Kirchenrecht. In seinen Exerzitien 1904 hatte er sich *diese übertriebene Sucht, zu studieren*, auch diese *Angst vor der Drohung einer Abberufung vom Studium,* dem *Ende rosiger Hoffnungen*[132] zum Vorwurf gemacht und sich den Laienbruder Tommaso, der ihm die Zelle saubermachte, vor Augen gestellt. *Ich sollte den Saum seiner Kutte küssen und auf ihn hören wie auf einen Lehrer.*[133] In Wirklichkeit hatte er einen Punkt seiner Entwicklung erreicht, an dem er Studium und Aufenthalt in der Ewigen Stadt bildungshungrig genoß. Bei einem Spaziergang mit Freunden am Tag seiner Priesterweihe sagte er auf dem Petersplatz: *Hier auf diesem Platz fühlt sich mein Geist in bester Verfassung.*[134] Er weilte im Petersdom, als zum 50. Jahrestag der Verkündung des Dogmas von der Unbefleckten Empfängnis (8. Dezember 1904) die *grandiose Zeremonie* sich entfaltete vor der *gewaltigen Schar der Kardinäle und Bischöfe* und *Melodien von Perosi wie Himmelsgesang durch das weite Kirchenschiff klangen. Welch ein Schauspiel des Glaubens* [...][135]

Die wichtigste Weichenstellung in der Laufbahn des jungen Don Roncalli bildet seine Ernennung zum Sekretär des neugeweihten Bischofs von Bergamo, Mgr. Radini-Tedeschi, im Januar 1905. Als er zusammen mit anderen bergamaskischen Priestern von Mgr. Bugarini dem neuen Bischof vorgestellt wurde, sagte man von ihm, er sei «am meisten römisch geprägt»[136]. Roncalli assistierte bei der Bischofsweihe Radinis in der Sixtina, die Pius X. selbst vornahm, und legte dem Grafen, der damals doppelt so alt war wie er, das Evangelienbuch auf den Nacken.

Graf Radini-Tedeschi gehört in die Reihe jener gebildeten katholischen Aristokraten des 19. Jahrhunderts, die für die politischen und sozialen Probleme der neuen Zeit aufgeschlossen waren. Nicht wenige stiegen zu Bischöfen auf – es sei an Ketteler erinnert –, streitbare, väterlichstrenge Herren, die im Bischofspalais nicht weniger sicher als im ererbten Schloß ihres Amtes walteten. Radini war der Wortführer jener Kräfte in Italien, die bemüht waren, dem Katholizismus ein sozial fortschrittliches Gepräge zu geben. Ihr Wirken hatte die Enzyklika «Rerum Novarum» vorbereiten helfen. Unter Leo XIII. war Radinis Einfluß auf Rom groß gewesen. Er war 1890 ins Staatssekretariat gekommen. Zweimal war ihm ein aussichtsreicher Posten in der vatikanischen Diplomatie angeboten worden. Aber Radini lehnte mit der Begründung ab, die Raffinessen der Diplomatie widersprächen dem christlichen Gewissen.[137] In seiner Biographie des Bischofs schrieb Roncalli später: *Radini war nicht für einen Krieg mit Nadelstichen.* [...] *Was er wirklich liebte, waren Schlachten, in denen man wie ein richtiger Ritter, wie ein Kavalier der alten Schule fechten konnte, unter freiem Himmel und auf offenem Feld.*[138] Unter Pius X. war zunächst beabsichtigt, Radini als Erzbischof nach Palermo oder Ravenna zu schicken. Aber der Papst bestimmte ihn für Bergamo, «das dadurch, daß es einem Bischof wirklich Freude machen kann, eigentlich die erste Diözese Italiens ist»[139].

Mit 23 Jahren trat Roncalli an die Seite Radinis und diente ihm bis zu dessen Tod, 1914, neun Jahre lang. Er war, als er das Amt antrat, noch ohne alle Welterfahrung, hatte er doch bisher nur mit seiner Familie auf dem Dorf in strenggeleiteten Konvikten und in der Kaserne gelebt. In seiner neuen Vertrauensstellung teilte er nun im großen Umfang die Tätigkeit des Bischofs. Dazu gehörten nicht nur der Einblick in das Leben der Diözese, wie er sich für ihn vor allem bei den Pastoralvisitationen ergab, sondern auch ausgedehnte Reisen. Da Radini-Tedeschi überall bekannt und angesehen war, ergaben sich auch für Roncalli viele persönliche Kontakte sowohl zu Geistlichen als auch zu politisch und sozial engagierten Laien.

So lernte er bereits bei der Bischofsweihe Radinis den Grafen Giovanni Grosoli, den letzten Präsidenten der «Opera dei Congressi», kennen, mit dem ihn eine zwanzig Jahre währende Freundschaft verbinden sollte. Die «Opera dei Congressi» waren in ihrer Struktur der damaligen deutschen Zentrumspartei vergleichbar; es handelte sich um die einzige nationale Organisation, über die die italienischen Katholiken damals verfügten, als Kirche und Staat sich noch in Opposition gegenüberstanden. Unter Pius X. und seinem spanischen Staatssekretär Merry del Val begann die Krise, die schon bald zur Auflösung des Werks führte. Den Anlaß dazu gab ein Rundschreiben des Grafen Grosoli und in diesem ein eigentlich von Radini – dem Vizepräsidenten der Organisation – stammender Text, in dem die Katholiken aufgefordert werden, «Zeitalter und geschichtliche Ereignisse als Meilensteine eines Weges nach vorwärts zu betrachten», eifersüchtig darauf bedacht, daß ihr Werk als «Werk der jetzt Lebenden nicht mit Fragen vermengt werde, die nicht zum lebendigen Bewußtsein des Volkes gehörten».

Graf Grosoli hatte sich, ebenso wie Radini, in die Auflösung der «Opera dei Congressi» gefügt. Daher begegnete ihm, wie Roncalli in einem Brief berichtet, der Papst anläßlich der Bischofsweihe Radinis mit *Väterlichkeit* und mit *jeder Art von Aufmerksamkeit*[140]. Aber es ist selbstverständlich, daß Grosoli in Gedanken und Gesprächen dem Schicksal der einst so kräftig aufstrebenden Organisation verbunden blieb. Roncalli wurde in diese Überlegungen, die auch die seines Bischofs waren, mit hineingezogen. Die herzlichen und bewundernden Worte des Gedenkens, die er 1956, bereits als Kardinal, anläßlich des sechzigjährigen Bestehens der Zeitung «L'Avvenire d'Italia» Grosoli widmete, sind deutlich von dem Wunsch mitbestimmt, ihm wenigstens nach dem Tode Genugtuung zu verschaffen.

Auch mit anderen führenden Männern der katholischen Aktion kam er in Verbindung, so mit dem Volkswissenschaftler Giuseppe Toniolo, den Pius X. 1910 mit der Gesamtleitung betraute, dem Grafen Medolago-Albani und mit Niccolò Rezzara, dem Vorsitzenden des Diözesevorstands und Begründer der Tageszeitung «L'eco di Bergamo».

Bereits im Mai 1905 fuhr er mit dem Bischof nach Lourdes und Ars. Im September und Oktober 1906 folgte er ihm, der die dritte italienische Pilgerfahrt ins Heilige Land leitete, in den Orient. Aufzeichnungen über diese Reise, die er im folgenden Jahr im «L'eco di Bergamo» veröffentlichte, zeigen, daß damals das Problem der Wiedervereinigung der Christen erstmals fordernd in seinen Gesichtskreis trat.[141] 1908 war er erneut in Südfrankreich, sah Marseille, Toulouse und Nîmes, 1911 war er in der

Kardinal Andrea Ferrari (dritter von rechts in der unteren Reihe), links neben ihm Bischof Giacomo Radini-Tedeschi, um 1910. In der hinteren Reihe steht (zweiter von links) Angelo Roncalli

Schweiz (Einsiedeln) und Savoyen (Annecy). Im September 1912 führte ihn eine Reise über München und Maria Zell nach Wien, wo er an der Seite Radinis am Eucharistischen Weltkongreß teilnahm und in St. Augustinus, der Kirche der Habsburger, zelebrierte; dann weiter nach Krakau und Budapest, schließlich über Fiume und Venedig zurück nach Bergamo. Hinzu kamen viele kleinere Reisen in Italien.

Die wichtigste persönliche Begegnung – außer der mit Radini selbst – war für ihn die Bekanntschaft mit Kardinal Ferrari, seit 1894 Erzbischof von Mailand, der seine Freundschaft für Radini auf dessen jungen Schützling übertrug. Roncalli hat sich in schwierigen Situationen später gern an ihn gewandt und wiederholt liebevoll über ihn geschrieben und gesprochen. Als Papst konnte er den Seligsprechungsprozeß für Ferrari eröffnen; er bemühte sich, ihn zu beschleunigen. Kontakte (und eine offenbar verlorene Korrespondenz[142]) gab es auch mit Kardinal Mercier (Mecheln), der Radini mit den Neuerscheinungen der Löwener Universität versorgte, die danach sicherlich auch Roncalli zugänglich waren. Mercier war der zeitlich erste und dem Einfluß nach bedeutsamste Förderer einer Versöhnung der Scholastik mit dem modernen Denken.[143] Willam mißt diesen Kontakten mit Radini, Ferrari und Mercier für Roncallis späteren Konzilsplan größte Bedeutung zu.

Bischof Radini bei einer Prozession in Bergamo. Am Schluß Angelo Roncalli in Schwarz

Das eigentliche «Vorbild», der «Leitstern»[144] seiner Jugend, wie es Roncalli mit diesen und ähnlichen Worten oft gesagt hat, war Radini selbst. Er beeindruckte ihn nicht nur durch seine Persönlichkeit, sondern auch durch das, worauf er das Gewicht seiner Tätigkeit gelegt hatte. Die Auflösung der «Opera dei Congressi» war für Radini eine tiefe Enttäuschung, aber er setzte seine Arbeit, nunmehr im Rahmen der – nach dem Willen des Vatikans – unpolitischen Katholischen Aktion unverzagt fort. Sein soziales Engagement zeigte sich besonders deutlich bei dem Streik in der Fabrik von Ranica 1909 in der Nähe von Bergamo. *Es war ein erfreulicher Anblick, die Sache der Arbeiter von Radini-Tedeschi nicht nur von der Höhe seiner bischöflichen Kanzel herab verteidigt zu sehen, sondern auch auf öffentlichen Plätzen und in den Werkstätten. Monsignore Radini hielt es für seine Pflicht, persönlich ein Beispiel zu geben, und er besaß den Mut dazu.*[145]

Das Vorbild Radinis ist in Roncallis späterem Handeln als Bischof und Papst immer wieder und bis in Einzelheiten hinein zu beobachten. Wenn Radini nach seiner Ankunft in Bergamo zunächst die Grüfte der Bischöfe renovieren ließ, so fand sogar das unter Roncalli in Venedig seine Entsprechung. Da Radini wiederholt im Vatikan denunziert wurde und – ebenso wie Ferrari – für sein Handeln nicht die ungeteilte Billigung des Papstes fand, so lernte sein Sekretär freilich auch früh, was es bedeutet, «unter der Wolke» zu leben.

*Angelo Roncalli als Feriengast in
Sotto il Monte während seiner ersten Priesterjahre*

Im Oktober 1906 wurde Don Roncalli, zusätzlich zu seiner Tätigkeit als Sekretär des Bischofs, Professor für Kirchengeschichte, später auch für Apologetik und Patrologie im Diözesanseminar. Am 4. Dezember 1907 hielt er dort seinen Vortrag über Baronius – aus Anlaß des 300. Todestags des Kardinals. Der Vortrag ist ein Jahr später in einer mailändischen katholischen Zeitschrift und in einem Sonderdruck in Monza erschienen. De Luca, der ihn 1961 wieder herausgab, hat – mit Wissen des Papstes – geurteilt, in diesen «ersten Seiten Angelo Roncallis» läge nicht weniger als «der Keim für das, was – 50 Jahre später – der Geist eines Pontifikats werden sollte»[146].

Man spürte in den Worten des jungen Professors frommen Eifer, Kraft und einen bemerkenswerten Optimismus – ein zuversichtliches Vertrauen, daß die Kirche in der historischen Kritik eine Verbündete, jedenfalls eine gerechtere Richterin als in der Zeitstimmung besitze. *Im Namen der exakten Wissenschaft greift man uns Katholiken von allen Seiten an; das wenigste ist noch, wenn man uns als Dunkelmänner bezeichnet, als Gefangene kleinlicher, überholter und sinnloser Formeln. [...] Verwurzelt in jenen festen, geheiligten Grundsätzen der altehrwürdigen Weisheit der Kirchenväter und der berühmten scholastischen Lehrer, die kein Stoß wird je erschüttern können, haben auch wir uns auf das Feld der kritischen Wissenschaft begeben. [...] auf diesem Wege können wir sicher voranschreiten, ja sicherer noch, wenn wir den Glauben an unsere Sache und an den Sieg jener Wahrheit nie verlieren, die allein uns aus der Krisis, die wir durchschreiten, befreien kann.*[147]

Hochgemute Worte eines jungen Mannes, vorgetragen in einem eher provinziellen Milieu – aber doch eben in Bergamo, dieser katholischen Zitadelle, von einem, der dort bereits zur intellektuellen Führungsgruppe zählte, und der wußte, worum es ging. Die Auseinandersetzung mit Buonaiuti in der «Civilta Cattolica», das Dekret «Lamentabili» (3. Juli 1907), das 65 Aussagen in Werken von Loisy, Tyrrell, Le Roy und anderen als modernistisch zurückgewiesen hatte, schließlich die Enzyklika «Pascendi», die rein verbietenden Charakter trug (8. September 1907), hat der Apologetik-Professor zweifellos mit gespannter Aufmerksamkeit verfolgt. Wie Buonaiuti hatte Roncalli sich mit Newman auseinandergesetzt – wenn er ihn auch nicht namentlich zitiert, läßt sich das doch erschließen – und war über Newman auf Bacon gestoßen, zog aber andere Folgerungen. In seinem Vortrag akzeptierte er die These Bacons, daß alles echte Wissen auf Erfahrung gründe, forderte aber, das induktive Forschungsverfahren, die Methode der Naturwissenschaften, nicht von Bacon, sondern von der Philosophie des hl. Thomas aus durchzuführen.[148] Er gab also, im Unterschied zu den Modernisten, die Scholastik nicht preis, rief aber zu deren vertieftem Verständnis auf. In dieser Einstellung zur Tradition, die beharrlich und zugleich beweglich war, liegt – vereinfacht dargestellt – die Entsprechung zur Idee des «Aggiornamento».

Die letzten Jahre des Pontifikats Pius' X. waren gerade für einen Seminarprofessor gewiß schwierig – in Italien war er zur Ablegung des sogenannten Antimodernisten-Eides sogar alljährlich verpflichtet. Wie jede

Statue Pius' XI. in der Biblioteca Ambrosiana in Mailand

von Fanatismus gelenkte Ketzerjagd führte die bigotte Verfolgung der Modernisten zu unwürdigen Auswüchsen. 1915 fiel dem deutschen Generalgouvernement für Belgien das Archiv der Brüsseler Filiale einer Geheimgesellschaft S. P. (Sodalitium Pianum) oder «Sapinière» in die Hände. Diese Gesellschaft, deren Tätigkeit von Pius X. 1911 und 1913 in eigenhändigen Briefen gutgeheißen worden war, wurde von dem Prälaten Benigni geleitet. Sie diente einem religiösen Totalitarismus, der alle Bereiche der Kultur und der Politik der unmittelbaren Gewalt der Kirche unterworfen sehen wollte. Das Sodalitium Pianum wurde besonders von integralistischen Kreisen der Kurie unterstützt und stand in Verbindung mit verschiedenen, teilweise geheimen Nachrichtenblättern und Auskunftsbüros. Unter Umgehung der ordentlichen Hierarchie und mit deutlicher Spitze gegen dieselbe – nicht nur Professoren, auch Bischöfe wurden verdächtigt und verleumdet – wurden dem Papst über Mittelsleute «Enthüllungen» über angebliche «Modernisten» zugeleitet. Sogar die Schwestern des Papstes wurden zur Übermittlung von Geheimbriefen eingespannt. Allenthalben wurden Decknamen benutzt; Benigni hatte deren gleich zwölf. Der päpstliche Staatssekretär Merry del Val hieß «Miss Romey» oder «George», der Papst «Lady Micheline» oder «Michel». Am meisten gehaßt waren die Jesuiten, die als «deloyalste Konkurrenten» oder «mit Mehl bestreute Hausmarder» bezeichnet wurden. Erst Benedikt XV. erteilte – und zwar bereits in seiner Antrittsenzyklika – den Integralisten eine deutliche Absage und löste das «Sodalitium» 1921 auf.

Den Stoff für kirchengeschichtlich-theologische Arbeit suchte Roncalli damals mit besonderer Vorliebe im Raum der eigenen Diözese. Während der Visitation liebte er es, in den Pfarrarchiven zu stöbern. 1912 erschien seine Darstellung der «Misericordia Maggiore» einer Bergamasker Wohlfahrtsorganisation, die seit dem 11. Jahrhundert ununterbrochen bestand. Seine umfangreichste wissenschaftliche Arbeit, die *Akten der apostolischen Visitation des hl. Karl Borromäus in Bergamo* 1515, die in fünf Bänden zwischen 1936 und 1957 erschienen ist, nahm 1906 ihren Anfang.

Ich begab mich nach Mailand, um meinen Bischof zu einer Tagung des Vorbereitungsausschusses für das 8. Provinzialkonzil zu begleiten. [...] Nur wenige Prälaten nahmen daran teil. Für mich konnte es in den Stunden des Wartens nichts Interessanteres geben, als das außerordentlich reiche erzbischöfliche Archiv aufzusuchen, das noch viele unerforschte Schätze [...] beherbergt. Mein Blick wurde bald angezogen von einer Sammlung von 39 Pergamentbänden mit dem Schild auf dem Rücken «Geistliches Archiv Bergamo». [...] Welch freudige Überraschung für meinen Geist, so umfangreiche und interessante Dokumente über die Kirche in Bergamo beisammen zu finden, aus der für die Erneuerung ihres religiösen Lebens bezeichnendsten Epoche nach dem Trienter Konzil, im Feuereifer der Gegenreformation![149]

Dieser Archivfund erwies sich für Don Roncalli als folgenreich in unvorhersehbarer Weise. Ein vertrauter Freund Bischof Radinis war Mgr. Ratti, der damalige Direktor der Ambrosianischen Bibliothek. Auch mit Rücksicht auf diese Beziehung lag es nahe, daß der junge Professor den berühmten Gelehrten und leidenschaftlichen Archivar von seinem Vorhaben unterrichtete und ihn um Rat fragte. So wurde er mit Ratti bekannt – dem späteren Pius XI. –, der den Fragesteller in solcher Angelegenheit gewiß nicht vergessen hat. *Ratti saß an seinem Schreibtisch im großen Lesesaal des Erdgeschosses am rechten Ende der Halle und empfing mich würdevoll und freundlich. Noch heute sehe ich, wie er mir seine breite und offene Stirn zuneigte, als er mir zuhörte und sich sein erstes Urteil über den Plan bildete, den ich ihm auseinandersetzte. [...] Als ich nach einigen Tagen zurückkehrte, hatte Monsignore Ratti schon die umfangreiche Urkundensammlung [...] durchgesehen. [...] Er drückte mir mit Freude die Billigung meines Plans aus und ermutigte mich in jeder Weise. Damals wie auch bei anderen Gelegenheiten lernte ich von Monsignore Ratti, daß ein Bibliotheksdirektor sich nicht nur um Bücher kümmern, sondern auch selbst zu Forschungen anregen sollte, sofern er die nötigen Kenntnisse besitzt.*[150]

Aber nicht nur mit dem übernächsten Papst, mit Ratti, war Bischof Radini befreundet, sondern auch mit dem nächsten, dem Erzbischof von

Papst Benedikt XV.

Bologna, Giacomo della Chiesa. Wie Radini hatte er Rampolla nahegestanden, genoß nicht die Gunst Pius' X. und wurde erst im Mai 1914, nach dem Tode Rampollas, Kardinal – aber doch noch rechtzeitig, um nach dem Tod des Papstes, am 4. September dieses europäischen Unglücksjahres, als Kompromißkandidat zum Papst gewählt zu werden. Radini, der die Kräfteverhältnisse im Kardinalskollegium genau kannte, hatte mit dieser Entscheidung gerechnet, wie durch Roncalli überliefert ist.[151] Er erlebte jedoch den Amtsantritt della Chiesas, der sich Benedikt XV.

Angelo Roncalli als Sanitätsunteroffizier, Bergamo 1915

nannte, nicht mehr, am 22. August starb er in Bergamo an der Krebserkrankung, an der er seit 1910 litt.

Roncalli, der Graf Radini wie einen Vater geliebt hat, weilte bis zuletzt an der Seite des Kranken. Als er Jahrzehnte später selbst unheilbar an Krebs erkrankte, traten ihm die aufwühlenden Erfahrungen dieser Tage begreiflicherweise neu vor Augen. In seinem Buch über Radini hat er von einem merkwürdigen Vorkommnis bei dessen Bischofsweihe berichtet: als der Papst den Neugeweihten am Altar umarmte, flüsterte er ihm zu, er werde ihn sogleich nach seinem Tode mit sich nehmen. Da Pius X. am 20. August gestorben ist, liegen die Sterbedaten beider Männer tatsächlich nur zwei Tage auseinander.[152]

Der Tod des Bischofs bedeutete auch eine erste Krise in Roncallis Laufbahn. Zwar blieb er Professor am Priesterseminar, aber der neue Bischof, Mgr. Marelli, suchte sich einen anderen Sekretär, und auch die Leitung der Bistumszeitung «La vita dioezesana», die Roncalli bis dahin innegehabt hatte – er hatte zahlreiche Beiträge selbst beigesteuert, Reportagen von Pilgerfahrten mit Radini, geschichtliche Darstellungen und anderes –, wurde sehr bald einem anderen Priester anvertraut. Mgr. Marelli lieh sein Ohr gerade den Gegnern seines Vorgängers. Es war für Don Roncalli eine Umkehrung der Bedingungen: Während in Rom nunmehr Prälaten das Kirchenregiment übernahmen, die seinen und seines verstorbenen Bischofs Auffassungen nahestanden, geriet er in Bergamo in die Isolation. Er scheint sich damals dort einsam gefühlt zu haben, arbeitete an seiner Borromäus-Edition und fuhr oft nach Sotto il Monte.

Da sah er sich durch den Kriegseintritt Italiens vorübergehend vor eine neue Situation gestellt. Ende Mai 1915 wurde er Soldat. Die Bestimmungen gingen damals dahin, daß alle eingezogenen Priester dem Sanitätsdienst überschrieben werden sollten. Bis Mai 1916 diente Roncalli als Sanitätsunteroffizier in verschiedenen Lazaretten in Norditalien. Ein Foto zeigt ihn mit einem mächtigen Schnurrbart, den er sich damals hatte wachsen lassen. (*Es war einer meiner schwachen Augenblicke,* scherzte er später.[153]) Dann trat eine Vereinbarung zwischen der italienischen Regierung und dem Vatikan in Kraft, die den Geistlichen bei der Armee den besonderen Status von Militärkaplänen mit Offiziersrang gab. Roncalli wurde als Leutnant – ohne Schnurrbart – nach Bergamo versetzt, betreute dort aber weiterhin vor allem Verwundete.

Er war also – im Unterschied zu seinen Brüdern – nicht selbst an der Front, erlebte aber das Elend des Krieges doch, da die Lazarette von Opfern der verlustreichen Kämpfe in den Alpen und am Isonzo überquollen. Darunter waren auch Soldaten der gegnerischen Seite. *Ich werde das Schreien eines Österreichers, dessen Brust [...] durch Bajonettstiche zerrissen worden war, und den man in das Lazarett von Caporetto gebracht hatte, wo ich Sanitäter war, niemals vergessen. Jenes Bild prägte sich noch tiefer in mir ein, als ich an der Enzyklika «Pacem in Terris» arbeitete*[154], hat er in seinem letzten Lebensjahr geschrieben. Als Feldkaplan in Bergamo konnte er freilich seine Lehrtätigkeit am Seminar wieder aufnehmen, für die er sich nachts vorbereitete.

Das fast 500 Seiten umfassende Lebensbild *In memoria di Mons. Giacomo Maria Radini Tedeschi, vecsoco di Bergamo* ist von Roncalli nebenher zu Ende geführt worden und 1916 erschienen. *Diese Seiten*, heißt es im Vorwort, *wurden geschrieben, während der Krieg über Europa wütete, dieser erbarmungslose Krieg, der schon soviel Blut und Tränen gekostet hat. Sie wurden nicht in der lieben Stille der Studien zusammengestellt und niedergeschrieben, sondern zwischen den verschiedensten Beschäftigungen* [...]¹⁵⁵ Er widmete das Buch Benedikt XV. und fuhr nach Rom, um es dem Papst selbst zu überbringen.

Die Erfahrung der Leiden des Krieges hatte seine Kräfte als Seelsorger noch wachsen lassen. An der Via Salata in Bergamo eröffnete er 1917 ein «Haus der Soldaten», er betreute die Vereinigung der Kriegermütter und -witwen, und am 17. April 1918 konnte er seinem Bruder Zaverio mitteilen: *Ich wohne nicht mehr im Seminar, sondern in einem Palazzo, nicht weit davon entfernt. Der Bischof hat mich beauftragt, darin ein «Studentenheim» zu eröffnen. Wenn der Krieg zu Ende ist, werde ich dorthin endgültig umziehen und unsere beiden Schwestern Ancilla und Maria mitnehmen.* [...] *Es freut mich, daß man von meinem Haus die Kirche von Calusco und den Turm unserer San Giovanni-Kirche sieht.*¹⁵⁶ Diese «Casa delle studenti» im Palazzo Marenzi an der Via San Salvatore, das erste Heim dieser Art in Italien, bestand einige Jahre. Im November 1918 wurde es offiziell eröffnet, Roncalli leitete die Neugründung, die einigen Wirbel verursachte, erfolgreich bis zu seinem Weggang aus Bergamo.

Er war nun in erster Linie das, was man heute Studenten- und Jugendseelsorger nennen würde. Nach Beendigung des Militärdienstes im Dezember 1918 ernannte ihn der Bischof zum Spiritual des Seminars. Dafür

Mit Studenten in Bergamo

mußte er seine Lehrtätigkeit aufgeben. Auch an diese Änderung ist die Vermutung geknüpft worden, daß man Roncalli des Modernismus verdächtigte. Wenn das zutrifft, so verleitete es ihn jedenfalls nicht zur Resignation. Man könnte aber eher annehmen, daß er überlastet war. Er war maßgeblich beteiligt bei der Vorbereitung des VI. italienischen Eucharistischen Nationalkongresses in Bergamo, der im September 1920 stattfand. Roncalli predigte auf dem Kongreß über das Thema «Die Eucharistie und die Madonna, ihr Platz im Herzen des Christen».

Ende 1920 erhielt Don Roncalli die briefliche Aufforderung Kardinal van Rossums, des einflußreichen Präfekten der Propaganda Fide, der auch «der rote Papst» genannt wurde, in Rom die Leitung des Werkes der Glaubensverbreitung zu übernehmen – des «Groschenwerkes», wie man sagte, weil es die Gläubigen, die ihm angehörten, verpflichtete, einen Groschen in der Woche für die Mission zu spenden. Der Papst, der eine weitreichende Umorganisation dieses Missionswerkes plante, soll sich selbst für Roncalli entschieden haben, nachdem ihm eine Liste von Kandidaten für das neue Amt vorgelegt worden war. In Frankreich 1822 gegründet, bestand das Missionswerk inzwischen in voneinander unabhängigen Organisationen in verschiedenen Ländern Europas; allein in Italien gab es mehrere Regionalzweige. Es war beabsichtigt, sie zusammenzufassen und ihnen in Rom eine zentrale Leitung zu geben, um ihre Wirksamkeit zu vergrößern.

Roncalli zeigte sich zunächst unsicher, ob er die Stelle annehmen solle, und wandte sich an Kardinal Ferrari um Rat, der ihm, wie kaum anders zu erwarten war, riet, dem Ruf des Präfekten der Propaganda Fide zu folgen. Noch immer führte jede höhere Karriere im kirchlichen Dienst immer und vor allem über Rom. Zudem mußte es den Erkorenen freuen, daß der Papst ihn offensichtlich nicht vergessen hatte («Der da, der da», soll Benedikt gerufen haben, als er den Namen Roncallis auf der Liste las) und in seine Tatkraft, Organisationsgabe und Geschicklichkeit Vertrauen setzte. Für den Seelsorger, der Roncalli in Bergamo gewesen war, konnte es ein befriedigender Wechsel nicht sein, ging es bei der neuen Tätigkeit doch vor allem um Verwaltung und um die Beschaffung von Geld. Persönliche Querelen mit den bisher für das Missionswerk Tätigen standen zu befürchten, wenn Roncalli im Auftrag der Kurie in die lokalen Gegebenheiten eingreifen würde.

Im Mai 1921 wurde er von Papst Benedikt zum Präsidenten des Zentralrats des Päpstlichen Missionswerks in Italien ernannt; die Ernennung zum Päpstlichen Hausprälaten mit dem Titel Monsignore folgte fast unmittelbar darauf. Von da an trug er Violett. «Das sind so Sachen, die die Geistlichen unter sich ausmachen», soll seine Mutter gesagt haben, als eine alte Frau im Dorf sie fragte, warum ihr Sohn nun wie ein Bischof gewandet einherging.

Prälat Roncalli wohnte in Rom zunächst in der Via Volturno, später in der Via Lata in Santa Maria. Seine Schwestern Ancilla und Maria führten ihm den Haushalt. Er hatte seinen alten Rektor, Mgr. Bugarini, zu sich genommen und betreute ihn bis zu dessen Tod 1924. Sein römisches Amt verpflichtete ihn zu vielen Reisen zunächst innerhalb Italiens, noch 1922 aber auch nach Frankreich, Belgien, Holland und Deutschland.

Der Wechsel im Pontifikat 1922 unterbrach seine Arbeit nicht. Im Januar des neuen Jahres erkrankte der körperlich so zarte und unscheinbare Benedikt, «nur ein häßlicher Wasserspeier unter den Schönheiten Roms», wie er sich selbst nannte, der während seines Lebens nur zweieinhalb Lire für Ärzte und Medizin ausgegeben haben wollte, an einer Lungenentzündung und «entschlief mit großer Heiligkeit im Herrn»[157]. Sein Nachfolger wurde – mit wieviel Aufmerksamkeit muß Roncalli es zur Kenntnis genommen haben – der erst kürzlich ernannte Erzbischof von Mailand, Kardinal Ratti, der einstige Präfekt der Ambrosiana, der zu seiner Wahl von der Direktion einer großen amerikanischen Bibliothek den Glückwunsch empfing: «Nun ist einer von uns Papst geworden.»

Pius XI. brachte den Problemen der Mission besonderes Interesse entgegen; die Aufträge, die Roncalli auszuführen unternommen hatte, lagen auf der Linie seiner Pläne und Gedanken, und so unterstützte er den Prälaten, wie er es gewohnt war, mit großer Tatkraft.

Roncallis Tätigkeit für das päpstliche Missionswerk, dem er bis 1925 als Mitglied des Obersten Rates und Vorsitzender der italienischen Abteilung angehörte, verpflichtete ihn während seiner gesamten Amtszeit zu vielen Reisen in europäischen Ländern. Er gab eine Zeitschrift mit dem Titel «Die Verbreitung des Glaubens in der Welt» heraus und hielt häufig Ansprachen. (Nach seiner Wahl zum Papst gelangt eine Anzahl seiner Reden und Zeitungsbeiträge in einer Publikation des Missionswerkes erneut zum Druck.) Das Motu proprio «Romanorum Pontificum», mit dem Pius XI. am 3. Mai 1922 die Verlegung der Zentrale der Gesellschaft von Lyon nach Rom verfügte, stammt maßgeblich aus Roncallis Feder.[158] Dieser war auch an Planung und Durchführung der Missionsausstellung beteiligt, die der Papst im Jubiläumsjahr 1925 veranstaltete.

Aber Roncalli ging in der Verwaltungs- und Öffentlichkeitsarbeit für die Mission doch nicht völlig auf. 1924 wurde er von Mgr. Pompili, dem Kardinal-Vikar Pius' XI., eingeladen, an der Lateran-Universität *an Stelle des eben verstorbenen Professors das Amt der Professur für Patrologie zu übernehmen*[159]. Nun vertrat er das Fach, das er bereits im Seminar in Bergamo vor Schülern doziert hatte, auf akademischem Niveau. Die Lehre der Kirchenväter blieb für Roncalli während seines ganzen Lebens eine Quelle theologischer Inspiration. Sie war ihm besonders nützlich während seiner Tätigkeit im Orient für verständnisvolle Kontakte mit der Orthodoxie, die stärker als die lateinische Kirche auf die Väterlehre bezogen war.

Inzwischen vollzogen sich in Italien schwerwiegende Veränderungen. Seit 1922 hieß der Ministerpräsident des Landes Mussolini. Das Ende der parlamentarischen Demokratie stand bevor (1925 wurden die politischen Parteien aufgelöst). Verhandlungen, die zunächst geheim gehalten wurden, über die Regelung des Verhältnisses von Kirche und Staat nahmen ihren Anfang: sie mündeten schließlich in die Lateran-Verträge. Für die

1921

Lösung der römischen Frage und die vermeintliche Sicherung der Rechte der Kirche in einem zu günstigen Bedingungen geschlossenen Konkordat wurden die demokratischen Rechte der Katholiken preisgegeben. Für maßgebende Kreise in der Kurie war das kein Opfer: ohne Bedauern hatten sie das Ende des partito popolare, Don Sturzos katholischer Volkspartei, beobachtet. Die Konkordatspolitik Pius' XI. (in Deutschland in ihrem Ergebnis noch problematischer als in Italien) nahm der Kirche in der Auseinandersetzung mit den faschistischen totalitären Staaten das Profil. Zugleich begünstigte sie den päpstlichen Absolutismus, der sich unter dem Nachfolger Rattis (Pius XII.) noch weiter verstärken sollte.

Die Parlamentswahlen vom 6. April 1924, ein «Spiel mit Papierzetteln», wie Mussolini verächtlich sagte, sicherten den Kandidaten der faschistischen Liste die sichere Mehrheit. Das für den künftigen «Duce» so günstige Ergebnis war durch ein System raffinierter Täuschung, Bestechung, aber auch durch brutale Einschüchterung zustande gekommen. Ungehindert von der Polizei übten Kommandos von Schwarzhemden überall im Lande Gewalttaten aus – sie gipfelten, Monate später, in der Ermordung Giacomo Matteotis, des prominentesten Politikers der Opposition. Roncalli suchte seine Angehörigen zu beruhigen, ließ seine Meinung aber deutlich erkennen. *Ich empfehle allen, sich wegen der Wahlen nicht aufzuregen,* schrieb er am 24. Februar 1924 aus Rom. *Ihr werdet zu gegebener Zeit Eure Stimme abgeben. Jetzt ist es besser, den Dingen ihren Lauf zu lassen. Zu Hause bleiben, ruhig sein und selber denken, jedoch zulassen, daß jeder tut, was er meint. Ich zum Beispiel bleibe der Volkspartei treu. Aber wegen meiner Stellung hier beim Heiligen Stuhl kann und darf ich mich nicht öffentlich äußern. Deshalb werde ich nicht nach Bergamo zur Wahl kommen.*[160]

Am 4. April schrieb er zu diesem Thema noch einmal: *Ich hätte anläßlich der Wahlen kommen und Euch besuchen können. Um Euch aber die Wahrheit zu sagen, ich ziehe aus verschiedenen Gründen, die auch Ihr versteht, vor, mich nicht zu rühren. Für die Faschisten stimmen, dazu fühle ich mich im Gewissen eines Christen und Priesters nicht gedrängt. Jeder ist sein eigener Herr und kann denken, wie er mag. Wir werden am Ende sehen, wer recht hat. Ich bin dieser Ansicht: für die Volkspartei stimmen, wenn Wahlfreiheit besteht. Wenn aber Schwierigkeiten zu befürchten sein sollten, dann zu Hause bleiben und die Welt gehen lassen, wie sie will. Seid Euch darüber sicher, daß das Heil Italiens auch nicht von Mussolini kommen kann, ein so begabter Mann er auch sein mag. Seine Ziele mögen gut und recht sein, aber die Mittel sind schlecht und stehen im Gegensatz zum Gesetz des Evangeliums. Also infolgedessen – würde «Barba Zaverino» sagen – «chi vivrà vedrà ... – wer's erlebt, wird sehen [...]».*[161]

Ganz unverhüllt zeigte Roncalli seine Sympathie für den Partito Popolare – dessen Generalsekretär nach der Emigration Don Sturzos inzwischen Alcide de Gasperi geworden war – und seine Distanz zum faschistischen Staat in einer Predigt zum zehnten Todestag von Bischof Radini-Tedeschi in der Kathedrale von Bergamo am 1. September 1924 – wenige Tage bevor Pius XI. die Möglichkeit einer Öffnung der Volkspartei nach links ausdrücklich verwarf. Die demokratische Opposition hatte keine Chance mehr.

Im Osten

Professor Roncallis Lehrtätigkeit an der Lateran-Universität – insgesamt nur fünfzehn Vorlesungen – nahm ein unvermutet schnelles Ende: Wie der Papst 1959 anläßlich seines Besuchs seiner alten Universität sagte, *weil Uns der überraschende Auftrag zukam, aus der Arbeit für die Mission auszuscheiden und von Rom weg in den Nahen Osten abzureisen.* [...] *Sehr lebhaft aber gedenken wir noch der festlichen Stimmung und des Beifalls, mit denen die damaligen Hörer jede Vorlesung begleiteten und bekräftigten und wie überrascht sie waren, als Wir den Lehrgang so plötzlich und unerwartet einfach abbrachen.*[162]

Im Februar 1925 starb in Sofia der Apostolische Administrator der zum lateinischen Ritus zählenden Katholiken Bulgariens. Pius XI., der sich zu Beginn dieses Jahres ausführlich mit osteuropäischen Fragen befaßt hatte, verfügte bereits am 3. März über die Neubesetzung. Er entschied sich für Roncalli, den er – anders als den verstorbenen Vorgänger – zugleich zum Apostolischen Visitator für Bulgarien, also zum Repräsentanten des Heiligen Stuhles, bestellte. Die unsichere Lage, in der sich die kleine katholische Minderheit Bulgariens befand sowie die neuerdings wiederbelebten Hoffnungen auf eine Union mit der orthodoxen Kirche des Landes, erforderten regelmäßige Informationen durch einen festen Vertreter. Die Ernennung eines Visitators kam länger zurückliegenden Wünschen der bulgarischen Regierung entgegen, die sich bereits während des Krieges 1914 bis 1918 beim Vatikan um Errichtung einer Nuntiatur bemüht hatte. Kirchlich stand Bulgarien seit Jahrhunderten im Schatten von Byzanz. Der junge Staat, der erst 1908 die volle Unabhängigkeit vom Osmanischen Reich gewonnen hatte, hielt kontaktbereit Ausschau nach Westen. Beziehungen zu Rom hatte es vor der Türkenherrschaft gegeben. Vor mehr als tausend Jahren hatte sogar ein Bischof in Bulgarien gewirkt – Formosus –, der später Papst geworden war.

Wenn ein Visitator auch nicht den Status eines Diplomaten besaß, so gehörte es doch zu seinen Aufgaben, gegebenenfalls mit der Regierung des Gastlandes zu verhandeln. Sein Wirken konnte die Vorstufe höherrangiger Beziehungen bilden. Tatsächlich führte die Tätigkeit Roncallis in Sofia zu diesem Ergebnis. Pius XI. errichtete 1931 in Sofia eine Apostolische Delegatur und ernannte – wohl entgegen den ursprünglichen Erwartungen Roncallis, der auf eine andere Verwendung gehofft haben mag – ihn selbst zum ersten Delegaten.

Die Bischofsweihe am 19. März 1925 in der Kirche des hl. Carlo Borromeo am Corso in Rom

Ein Visitator bekleidete, wie es der römischen Gewohnheit entsprach, den Rang eines Erzbischofs. Roncalli wurde daher zum Erzbischof von Areopolis, einer untergegangenen Diözese im antiken Arabia Petraea (nach den Grenzen von 1925 im britischen Protektorat Palästina), ernannt. Titularbischof ist er geblieben, bis er 1953 Patriarch von Venedig wurde.

Roncalli hatte sich im kurialen Dienst bewährt. Die Ernennung zum Erzbischof verlieh ihm nunmehr eine hohe Stellung in der kirchlichen Hierarchie. Allerdings war Sofia gewiß kein Sprungbrett für die Erreichung vatikanischer Schlüsselpositionen. Über eine spezielle Vorbildung für die neue Tätigkeit verfügte er nicht.

Wiederholt ist die Vermutung ausgesprochen worden, daß Roncallis damalige Beförderung in Wirklichkeit eine Kaltstellung bedeutet habe. Dom Beauduin, ein mit Roncalli damals bekannt gewordener Benediktiner, Experte für Fragen der Orthodoxie, hat erklärt, daß der Professor von der Lateran-Universität abgezogen wurde, weil man ihn verdächtigte, Modernist zu sein. Die Lateran-Universität war stockkonservativ. Das Heilige Offizium hatte ein Auge auf ihn bereits wegen seiner Freundschaft mit Buonaiuti. Vielleicht beargwöhnte es ihn auch immer noch wegen seiner Tätigkeit unter Radini-Tedeschi. Nach seiner bisherigen Laufbahn und nach seiner ganzen Mentalität paßte Roncalli tatsächlich nicht recht in die Lateran-Universität.

Meriol Trevor, die sich dabei auf den Bericht eines Augenzeugen stützt, erzählt, daß Johannes XXIII. bald nach seiner Wahl das Büro einer gewissen Kongregation aufsuchte und nach seinen Personalakten fragte. Er sagte etwa, daß er herauszufinden wünsche, warum Routinevorgänge, seine Laufbahn betreffend, so schleppend abgelaufen seien. Er fand hinter seinem Namen die verdammenden Worte: «verdächtig des Modernismus». Der Papst ergriff einen Federhalter und schrieb: *Ich Johannes XXIII., Papst, erkläre, daß ich niemals Modernist war.*[163]

Das ist schon insofern richtig, als Roncalli offenbar jederzeit bereit gewesen wäre, sich dem Lehramt der Kirche zu unterwerfen. Aber während der Hexenjagd auf die Modernisten wurden Männer, die weit unauffälliger waren als Roncalli, verdächtigt. Dagegen gab es keinen Schutz, denn die Anklage brauchte nicht begründet zu werden. Oft wurde sie – wie auch im Falle Roncallis – nur im geheimen erhoben. Der Sachverhalt, daß man ihn erst zum Professor in Rom und ein halbes Jahr später zum Visitator in Bulgarien machte (und neunzehn Jahre im Osten beließ, bis ein noch überraschenderer historischer Zufall ihn zurückkehren ließ), bleibt merkwürdig genug.

Persönlich das Wichtigste für Roncalli 1925 war die Erhebung zum Bischof, die Aufnahme in das Apostelkollegium, in die Fülle des katholischen Priestertums. In der Villa Carpegna, einem alten römischen Haus, in dem er schon früher an Exerzitien teilgenommen hatte, bereitete er sich auf die Bischofsweihe vor. Er hatte *nicht nach diesem neuen Amt getrachtet und es auch nicht gewünscht*, notierte er, aber der Herr hatte ihn *mit so offensichtlichen Zeichen seines Willens dazu erwählt, daß jede Weigerung eine schwere Schuld* bedeutet haben würde. Er vergegenwärtigte sich die Lehre des hl. Thomas von Aquin: die Bischofswürde bedeutete, daß er den *Stand einer bereits erworbenen, nicht erst zu erwerbenden Vollkommenheit* erreicht hatte.[164] Er beschloß ferner, künftig auch den Namen Giuseppe (Joseph) zu führen und bat darum, am Fest des hl. Joseph (19. März) die Bischofsweihe zu erhalten. Dem Kardinalstaatssekretär Gasparri, der ihn nach dem Grund dieses Wunschs fragte, antwortete er – so berichtet Kardinal Bea –, der heilige Joseph sei ja der beste Lehrer und Schutzpatron der Diplomaten! «Das hätte ich nicht erwartet», sagte Kardinal Gasparri. Roncalli erwiderte darauf: *«Sehen Sie, Eminenz, gehorchen und schweigen können, sprechen mit Maß und Höflichkeit, das ist, was ein Diplomat des Heiligen Stuhles können muß, und das hat auch der heilige Joseph getan.»*

Die Weihe vollzog Kardinal Tacci, Sekretär der Ostkirchenkongregation, assistiert von hohen Prälaten und in Gegenwart zahlreicher Freunde Roncallis in der nach Carlo Borromeo genannten Kirche San Carlo al Corso, der Kirche der Lombarden. Wenige Tage später würdigte ein Artikel im «Osservatore Romano» die tiefe Frömmigkeit, die Gaben und die Gelehrsamkeit sowie die harmonische Persönlichkeit des Neugeweihten.

Als Apostolischer Delegat in Bulgarien

Roncalli verweilte noch einige Wochen in Sotto il Monte, ehe er sein neues Amt antrat. Am 25. April traf er mit dem Simplon-Orient-Express, von Mailand kommend, in Sofia ein. (*Eine sehr glückliche und schöne Reise als großer Herr*, meldete er seinen Eltern.[165]) Mit ihm kam Dom Bosschaerts, ein belgischer Mitbruder Dom Beauduins, von diesem empfohlen und vom Staatssekretariat dem Visitator als Sekretär zur Seite gestellt. Roncallis erste Wohnung in Sofia war *ein kleiner Palast neben der Kirche der Orientalen: Ich habe drei Zimmer für mich. Bei mir sind noch zwei ausgezeichnete Priester. [...] Ich sehe, daß wir mit dem Segen des Herrn beginnen, und freue mich, an meinem Platz zu sein.*[166]

Bulgarien steckte in einer tiefen Krise. Der Staat litt unter den Folgen zweier Niederlagen, des Zweiten Balkankriegs und des Ersten Weltkriegs. Bis zur Erschöpfung hatte Bulgarien, seiner nationalen Leidenschaft folgend, um seine territorialen Ansprüche gerungen und als Folge seiner unglücklichen Politik in umfangreiche Gebietsabtretungen einwilligen müssen. Die wirtschaftlichen Lasten der Kriege verschärften die sozialen Spannungen, so daß die Bulgaren seit 1919 ständig am Rande des Bürgerkriegs lebten. Wenige Tage vor der Ankunft Roncallis waren am 16. April während der Totenfeier für den von linksstehenden Terroristen ermordeten Ministerpräsidenten General Kimon Gheorgiev in der orthodoxen Kathedrale Svate Nedelja durch ein weiteres Attentat – das erste

hatte nur den Köder gebildet, um die Spitzen der machthabenden Schicht in der Kathedrale zu versammeln – über 400 Menschen getötet oder verletzt worden. König Boris, dem der Anschlag vor allem gegolten hatte, blieb verschont; schon am 30. April empfing er Roncalli in Audienz. Dieser hatte seine Tätigkeit mit dem Besuch Verletzter in den Krankenhäusern begonnen.

Mit der für ihn typischen Aktivität widmete er sich seinen Aufgaben als Visitator. Die katholische Kirche in Bulgarien umfaßte nur etwa 50000 Gläubige, die aber über das ganze Land verstreut waren. Die ganz überwiegende Mehrzahl waren lateinische Katholiken, die in zwei Diözesen von Bischöfen aus der Kongregation der Passionisten und dem Orden der Kapuziner betreut wurden. Daneben gab es noch etwa 4000 Unierte, die dem byzantinischen Ritus folgten, aber die Oberhoheit des Papstes über die Kirche anerkannten. Für sie war 1923 eine provisorische Apostolische Administration errichtet worden, die Roncalli 1926 in ein ständiges Apostolisches Exarchat umwandeln konnte, für das er Rom auch einen geeigneten Priester als Bischof vorschlug, den er danach selbst geweiht hat. Auf unzulänglichen Wegen und mit jedem sich anbietenden Transportmittel bereiste er das in großen Distrikten verwüstete Land bis in den letzten Winkel. Nicht selten wird ihm die Erinnerung an seine Visitationsreisen mit Bischof Radini und an sein Editionsvorhaben der Visitationen des Erzbischofs Carlo Borromeo vor Augen gestanden haben.

Dann aber begannen für ihn die Schwierigkeiten. Im Oktober 1925 legte Roncalli in Rom seinen Visitationsbericht und seine Vorschläge für die künftige Entwicklung der bulgarischen Kirche vor. Es scheint, daß Roncalli, vielleicht angeregt durch die Ideen Dom Beauduins, sicherlich aber auch gestützt auf die eigenen Erfahrungen, eine stärkere Inkulturisation der Kirche in Bulgarien vorschlug; eine Zurückdrängung des französischen Elements, wie es die Assumptionisten in Liturgie und Seelsorge hineintrugen, zugunsten der Volkssprache; die Errichtung eines Priesterseminars in Sofia für Kandidaten beider Riten, zu dessen Leitung nicht Männer aus den bisher eingesetzten Orden, sondern neue Kräfte Verwendung finden sollten. Natürlich lief dies letztlich auf eine Schwächung des lateinisch-westlichen Einflusses hinaus, aber doch nur im Dienste einer wirklichen Katholizität, wie sie Rom theoretisch ja selbst propagierte.

Mit diesen Vorschlägen vermochte er sich nicht durchzusetzen. Weckten sie ihm Gegner, oder fanden sich diese Gegner durch das, was er vorschlug, nur bestätigt? War alles schon vorher entschieden und handelte es sich in Wirklichkeit um eine Art Verbannung, die seine Stimme unhörbar machen sollte? Der Visitator wurde in Bulgarien belassen, aber seine Vorschläge blieben großenteils unausgeführt. Auf seine Fragen und Mahnungen erhielt er keine oder nur hinhaltende Antworten. Von 1926 an spiegelt das geistliche Tagebuch die Krise seines Verfassers, freilich nur in indirekter Weise, indem es stets von seiner Bemühung berichtet, sie zu überwinden. *Seit zwanzig Monaten bin ich nun Bischof,* notiert er Ende November dieses Jahres während seiner Exerzitien in Rom. *Und wie leicht vorauszusehen war, brachte mir dies Amt viel Kummer und Sorge. Aber – es ist sonderbar – dieser Verdruß kam nicht durch die Bulgaren, für die ich tätig bin, sondern von den Zentralorganen der kirchlichen Verwaltung. Es ist eine Form von Kränkung und Demütigung, die ich nicht erwartet habe und die mich sehr schmerzt.*[167] Nun und in den folgenden Jahren bekommen aszetische Vorsätze eine neue Dringlichkeit. *Schweigen* und *Milde* legt er sich auf, auch wenn er manchmal in *Stunden der Einsamkeit oder der Verlassenheit* das Bedürfnis nach Entlastung verspüre[168]; *ein Mann glühenden Gebets* will er werden, *noch ruhiger, noch viel ruhiger und friedvoller,* in der *Äußerung von Urteilen noch reservierter.*[169] *Nichts darf über meine Lippen kommen, was nicht Lob oder Milde des Urteils ist oder was alle zur Nächstenliebe, zum Apostolat und zu tugendhaftem Leben anspornt.*[170] In den Briefen an die Familie hat er seinen Kummer fast völlig kaschiert.

In seiner Ergebenheit dem Papst oder der Kirche gegenüber schwankte Roncalli nicht einen Augenblick. Er zeigte sich vielmehr entschlossen, in Selbstverleugnung alles, was ihm widerfuhr, als Prüfung hinzunehmen, die seiner Seele dienlich sein müßte. Freilich, was seinen Körper anbetrifft, entdeckt er an sich nun *Symptome von Gebrechlichkeit* und beginnt sich mit *dem Gedanken an den Tod vertraut* zu machen[171] – so, sechsundvierzigjährig, bei Exerzitien 1927 in einem Haus der Jesuiten in Lubljana (Laibach, Slowenien).

Es wird berichtet, daß Roncalli in einem Brief an einen Freund an der Kurie über seine Probleme sich geäußert habe und daß dies prompt zu Indiskretionen und zu Verstimmungen führte. Der Delegat rechtfertigte sich daraufhin in einem zwanzigseitigen Brief, der gelegentlich auch dem Papst zu Händen kam und diesen zu dem Kommentar veranlaßte: «Ecce ira agni!»[172] «Der Zorn des Lammes» – daraus scheint hervorzugehen, daß Piux XI. seinen Delegaten und die Situation recht gut kannte. Warum er dennoch anscheinend so lange nichts unternahm, sie zu ändern, wissen wir nicht. War es so, daß er in einer gegebenen kritischen Situation das bestmögliche für Roncalli getan hatte, indem er ihn zum Bischof machte und nach Bulgarien schickte? Oder waren es einfach Sachentscheidungen ohne Ansehen der Person? 1930 ging das Gerücht, Roncalli werde als Apostolischer Delegat nach Istanbul versetzt werden. Tatsächlich bekam ein anderer den Posten, Mgr. Margotti.

Ich werde nie etwas unternehmen, weder direkt noch indirekt, um eine Veränderung in meiner Situation herbeizuführen, schrieb er 1928. *Mögen die anderen tun und sagen, was sie wollen, sich vordrängen, ich werde mich wegen meiner Zukunft nicht beunruhigen.*[173] Während der geistlichen Einkehr 1930 beklagte er dann begreiflicherweise aber doch wieder *die über fünf Jahre währende Ungewißheit, welche definitiven Aufgaben mit diesem meinem Amt verbunden sein sollen und die Notwendigkeit, das Leben geradezu eines Eremiten zu führen.*[174] Die Abgeschlossenheit ohne gleichgesinnte Freude in der Fremde fiel ihm wohl besonders schwer: *Ich neige*

Die Hochzeit König Boris' von Bulgarien mit Prinzessin Johanna von Savoyen

meiner Veranlagung nach sehr zum Gespräch.[175] Nach der Weihe des unierten Exarchen hatte er auch keine eigentlichen bischöflichen Funktionen. Am 31. Januar 1931 schreibt er aus Sofia an einen Freund: *Hätte ich nicht einen guten Stiftsherrn abgegeben, mein Bestes tun können, um jungen Seminargeistlichen zu helfen, ein bißchen Unterweisung in Religion, ein wenig Geduld für demütige Seelen, die sich mit Wenigem zufriedengeben? Das hätte mein Leben sein können. Sieh hingegen, was ich zu tun habe. Ich besitze eine Würde, die ich nicht verdiene, und eine geistliche Gewalt, die ich noch nicht einmal wie ein einfacher Geistlicher ausüben kann. Selten sind die Gelegenheiten, da ich eine geistliche Ermahnung aussprechen kann, niemals höre ich Beichte; ich sitze den ganzen Tag – jetzt in einem schönen Haus – über meiner Schreibmaschine oder mit langweiligen Gesprächen beschäftigt; inmitten vieler Schwierigkeiten und Dornen; inmitten von Leuten, die Jesus Christus und von Rechts wegen der katholischen Kirche gehören, die jedoch in keiner Weise den Sinn für Christus haben und weniger noch den sensus ecclesiae; immer in Kontakt mit den sogenannten Großen der Welt, aber betrübt über die Kleinheit ihres Geistes, was Übernatürliches anbetrifft; mühsam Ereignisse vorbereitend, denen so viel Gutes entspringen sollte, und dann Zeuge der Brüchigkeit menschlicher Hoffnungen. Mit all dem, lieber Don C., lebt man in Frieden, weil der schließliche Erfolg dem zuteil wird, der wirklich corde magno den Willen des Herrn ausführt und alles gut hinnimmt und mit Anstand gehorcht.*[176]

Die «Großen der Welt» hatten ihn mit einer ausgesuchten Intrige in Atem gehalten, deren letzter Akt übrigens noch bevorstand. König Boris hatte aus politischen und aus privaten Rücksichten eine Verbindung mit Prinzessin Johanna von Savoyen, Tochter des Königs von Italien, gewünscht. Da Boris der orthodoxen Kirche angehörte, das bulgarische Staatsgesetz zudem festlegte, daß der König keiner anderen Religion als der orthodoxen angehören könne, schien eine Erfüllung dieses Wunschs kaum möglich, denn der Vatikan forderte von der Braut die Bewahrung des katholischen Bekenntnisses und die Erziehung der Kinder im katholischen Glauben. Boris und Johanna sagten in einem Brief an den Papst beides zu; zugleich baten sie darum, in Assisi, in der Basilika des hl. Franziskus, getraut zu werden. Die Trauung fand in der geplanten Weise statt, aber kaum in Sofia angekommen, ließ sich Boris in der orthodoxen Kathedrale ein zweites Mal trauen. Bereits hierüber zeigte Pius XI. sich schwer erzürnt, und Roncalli wurde damit beauftragt, diesem Mißfallen Ausdruck zu geben. Im April 1933 wurde dann dem Königspaar als erstes Kind eine Tochter geboren und sogleich in der Kapelle des Königspalastes nach orthodoxem Ritus getauft, was den Eklat noch vergrößerte, denn für die Töchter des Königs, die nicht zur Thronfolge berechtigt waren, schrieb das bulgarische Staatsgesetz das orthodoxe Bekenntnis nicht zwingend vor.

Obwohl das Wesentliche ohne ihn, nämlich auf diplomatischer Ebene zwischen der italienischen und bulgarischen Regierung ausgehandelt worden sein dürfte, wurde Roncalli in die ganze Affäre doch stark hineingezogen. In den Augen der Öffentlichkeit hatte der Heilige Stuhl, dessen Vertreter er war, sich betrügen lassen.

Die irreführenden Gerüchte von 1930 über Roncallis weitere Verwendung wiederholten sich in ähnlicher Weise 1934. Die Zeitung «Il Popolo d'Italia» meldete, daß Erzbischof Roncalli als Nachfolger von Mgr. Dolci, der ins Kardinalskollegium aufgestiegen war, zum Nuntius in Bukarest bestimmt worden sei. Tatsächlich wurde vom Vatikan aber ein Studienkollege Roncallis aus dem Apollinare, Mgr. Valeri, in die rumänische Hauptstadt entsandt. Roncalli schickte man statt dessen an einen weniger angesehenen Platz: am 24. November 1934 wurde er zum Apostolischen Delegaten in der Türkei und in Griechenland mit Amtssitz in Istanbul bestellt. Dabei handelte es sich weder um einen leichten noch um einen unwichtigen Auftrag; gleichwohl galt Konstantinopel damals, nach den Worten Rouquettes, als der «anerkannt letzte Posten der päpstlichen Diplomatie». Das vorangegangene Verwirrspiel mußte für Roncalli zusätzlich kränkend sein.

Mit großer Wärme und Sympathie nahm er Abschied von den Bulgaren, die er wohl nicht zuletzt deswegen ins Herz geschlossen hatte, weil sie ihn ihrer überwiegend agrarisch geprägten Kultur und Lebensweise wegen an seine heimatlichen Bergamasken erinnerten. In seiner letzten Predigt in Sofia sagte er: *Ich segne euch, meine Brüder. Im katholischen Irland besteht ein alter Brauch: In der Weihnacht stellen die Leute eine brennende Kerze auf das Fensterbrett, um damit anzuzeigen, daß Maria und Joseph mit dem Gotteskind bei ihnen frohe Aufnahme finden. So will auch ich es halten. Wenn irgendeiner von euch in der Nacht an meinem Haus vorbeikommt und Angst und Not hat, wird er in meinem Fenster stets ein helles Licht finden. Klopfe nur an! Ich werde dich nicht fragen, ob du katholisch bist oder nicht. Du bist ein Bruder aus Bulgarien – das genügt. Tritt nur ein, mit beiden Händen will ich dich begrüßen und als Freund dir ein Fest bereiten!*[177]

Auf seinen Wunsch hin wurde sein Titel umgewandelt: nicht mehr Erzbischof von Areopolis hieß er künftig, sondern von Mesembria.[178] Es war eine für Roncalli bezeichnende Geste: Mesembria ist der antike Name der am Schwarzen Meer gelegenen bulgarischen Stadt Nessebar. Indem er den Namen dieser untergegangenen Diözese – einstmals die bedeutendste des Landes – für seinen Titel wählte, bekannte er sich scheidend noch einmal zu Bulgarien.

In einer Hinsicht allerdings entsprach seine neue Position mehr als die bisherige Roncallis Wünschen: In Istanbul hatte er künftig seelsorgliche Funktionen, denn man hatte ihn auch zum Apostolischen Vikar in der einstigen christlichen Metropole am Goldenen Horn ernannt; er war also Ortsbischof der kleinen katholischen Gemeinde.

Diplomatischen Status wie in Bulgarien genoß er nicht mehr, da die Türkei zum Heiligen Stuhl keine offiziellen Beziehungen unterhielt. Die Gesetzgebung der Republik Kemal Atatürks verhielt sich gegenüber den Religionen ablehnend, zum Christentum nahezu feindlich. Diese Einstellung hing mit den besonderen Bedingungen zusammen, unter denen die moderne Türkei nach dem Ersten Weltkrieg ins Dasein getreten war. Die Haltung der staatlichen Stellen begann sich im Laufe der Jahre allmählich zu lockern, aber noch 1934 war sogar das Tragen geistlicher Gewänder in der Öffentlichkeit verboten worden. Roncalli war davon nicht betroffen, denn die Bestimmung galt nicht für höhere Geistliche, aber aus Solidarität mit seinen Priestern verzichtete auch er auf die Soutane und trug nur den römischen Kragen.

Im Grunde ging es für den Abgesandten des Vatikans darum, seinen Geschäften so unauffällig wie nur möglich nachzugehen und durch Takt und Anpassungsfähigkeit auf eine allmähliche Besserung der Situation hinzuarbeiten. Roncalli trug dem auch sofort Rechnung, indem er etwa in den katholischen Gottesdiensten die bisher französisch gesprochenen Gebete durch solche in türkischer Sprache ersetzen ließ.

Am Dreikönigsfest (6. Januar) 1935 stellte er sich den ihm anvertrauten Gläubigen vor. *Ich bin nur im Gehorsam gekommen,* sagte er in seiner Predigt. *Ich bin in diesen Wochen mit meinem Herzen im Kampf gestanden, da ich mich von anderen Brüdern und Söhnen trennen mußte [...] Und nun öffnet sich mein Herz weit wie meine segnenden Hände vor euch [...]* Er wiederholte, was ihn bewegte: *Als ich den Auftrag annahm, hierher zu kommen – ich habe es euch schon gesagt –, tat ich es nur aus Gehorsam, Euer so freudiger, so hingebender Empfang, die hohe Achtung, die ich seit Jahren für das katholische Volk von Istanbul und seinen Klerus hege, machen mir diesen Gehorsam lieb. Aber er bleibt deswegen doch ein Opfer [...]*[179] Danach scheint er von Sotto il Monte erzählt zu haben, denn die Wochenzeitung «Vita Katolika» berichtete über den Delegaten: «Alles war tief erbaut über die tieffromme Art, mit der der Prälat das große Kreuz küßte [...] Er beherrscht das Französische sehr gut, und, was er auch dagegen sagen mag, er kennt seine Feinheiten. Und wie er zu erzählen weiß! Vom kleinen Angelino, aus dem Angelo, dann Angelo Giuseppe wurde, der zum Studenten, zum jungen Mann, zum Soldaten heranwuchs ...!»[180]

Wie man es bei ihm kennt, gewann Roncalli auch in der Türkei persönlich rasch Sympathien; wiederum wußte er sie für die Sache, die er vertrat, zu nutzen. Von seinem Dienstsitz Istanbul aus besuchte er, nach Möglichkeit zweimal im Jahr, auch die italienische Pfarrei in Ankara und machte bei dieser Gelegenheit Besuche bei Mitgliedern des Diplomatischen Corps, zu dem er sonst offiziell keine Verbindungen unterhielt. Sein Sekretariat in Istanbul bestand nur aus einem einzigen Priester, Mgr. Testa aus Bergamo, der ihn später auch nach Paris begleitete.

Schwieriger noch als in der Türkei war seine Aufgabe in Griechenland, wo man von seiten der Regierung von einem päpstlichen Vertreter, und komme er auch mit rein religiösen Zielsetzungen, überhaupt nichts hören mochte, und wo man noch zusätzlich darüber befremdet war, daß der Vatikan für diese Aufgabe einen Mann bestellt hatte, der vorher in Bulgarien tätig gewesen war, einem mit Griechenland verfeindeten Staat. Den Hauptanlaß für die aktuellen Querelen bildete eine Gruppe von griechischen Katholiken des orthodoxen Ritus, die 1923 unter ihrem Bischof

Kalavassy aus Kleinasien nach Hellas gekommen war; sie wurde von der orthodoxen Staatskirche als Fremdkörper und als Bedrohung empfunden. Durch ein Gesetz gegen Proselytismus wurde 1938 die Lage der Katholiken noch schwieriger.

Sein langjähriger Aufenthalt in Bulgarien hatte Roncalli bereits zu einem guten Kenner der Welt der Orthodoxie gemacht. In Istanbul, dem alten Konstantinopel, lebte er nun an ihrem historischen Mittelpunkt. Für die Probleme des Nebeneinander von Ost- und Westkirche lieferte ihm sein Amt beständig Anschauungsunterricht, denn in seinen Verantwortungsbereich fielen auch die Diözesen der mit Rom unierten Kirchen in Kleinasien. Nach seiner Wahl zum Papst sollte sein insgesamt fast zwanzigjähriger Lernprozeß im Osten Früchte tragen. Bereits mit der Wahl des Namens Johannes sprengte er die lateinische Tradition der letzten Jahrhunderte, indem er sein Vorbild in der Urgeschichte des Christentums, lange vor der Spaltung der Kirchen, suchte.

Der Ausbruch des Zweiten Weltkriegs veränderte die Arbeitsbedingungen des Delegaten und im gewissen Umfang auch seine Aufgaben. In Griechenland, das im Frühjahr 1941 von Truppen der Achsenmächte besetzt wurde und das im darauffolgenden Winter unter einer verheerenden Hungersnot litt, leistete er aus Mitteln des Papstes eine reiche caritative Tätigkeit. Ein Hilfsersuchen des griechischen Metropoliten Damaskinos brachte er selbst nach Rom, von wo es durch den Heiligen Stuhl an die griechische Exilregierung in London weitergeleitet wurde mit dem Ziel, die Blockade Griechenlands durch die Alliierten für Lebensmittelsendungen an die Zivilbevölkerung durchlässig zu machen. Diese Aktion hatte Erfolg. Damaskinos und Roncalli sind nach ihrem letzten Zusammentreffen mit dem Friedenskuß voneinander geschieden. Das Wirken Roncallis während des Kriegs ist in Griechenland in dankbarer Erinnerung geblieben. Selbstverständlich galten seine Besuche – rund zwanzigmal ist er von Istanbul aus in Griechenland gewesen – auch den italienischen Besatzungstruppen.

Auch in der Türkei wuchsen Roncalli caritative Aufgaben im großen Umfang zu. Seine Bemühungen um jüdische Flüchtlinge, die nach Israel auswandern wollten, hat der Oberrabiner Isaac Herzog später öffentlich gewürdigt. Der vom Vatikan eingerichtete Informationsdienst, der Nachrichten über Kriegsgefangene, Verschleppte und Vermißte über die Fronten hinweg vermittelte, hatte in Roncallis Büro in dem neutralen Türkei einen wichtigen Stützpunkt, über den zahlreiche Anfragen und Sendungen liefen. Ihr neutraler Status machte die Türkei freilich auch zu einer Drehscheibe der Spionage und geheimer diplomatischer Aktivitäten. Konkurrierende Agenten verfolgten jeden Schritt des Delegaten, der seine Überwacher zuletzt gut kannte. *Ich konnte eigentlich niemals feststellen, ob sie mich oder sich gegenseitig beobachteten.*[181]

Eine humanitäre Korrespondenz brachte ihn wieder in Verbindung mit König Boris von Bulgarien.

Natürlich waren für Roncalli im Interesse seiner vielfältigen Aktivitäten auch Kontakte zu den Botschaftern der kriegführenden Mächte wichtig. Mit dem deutschen Botschafter Franz von Papen, der ihn gegen Kriegsende um vatikanische Vermittlung für Verhandlungen ersuchte, die er im Auftrag der deutschen Untergrundbewegung mit den Alliierten führen wollte, verbanden ihn freundschaftliche Beziehungen. Die Untaten des NS-Regimes lastete der Delegat dem Botschafter persönlich nicht an. Auch als Kardinal und als Papst blieb er bei dieser Haltung. Über die verhängnisvolle Rolle, die Papen 1933 gespielt hatte, war er entweder nicht informiert oder er versagte sich ein Urteil darüber. Seine Sympathie für Papen, der Schutz und die Auszeichnungen, die er ihm gewährte (er trug nach 1945 zu Papens politischer Entlastung bei, empfing ihn 1959 in Privataudienz und ernannte ihn zum päpstlichen Kammerherrn), haben Befremden ausgelöst. Roncalli blieb aber auch in diesem Fall nur sich selber treu, indem er den Priester in sich über den Politiker stellte. Sein Bestreben, der Forderung des Evangeliums zu folgen, setzte ihn zuweilen in Widerspruch zum Urteil der Welt.[182]

Dank seines glücklichen Temperaments hat Roncalli sich auch in der Türkei in den veränderten Lebensumständen ungeachtet aller Schwierigkeiten gut eingelebt. Die dort verbrachten Jahre zählte er später sogar *zu den schönsten (s)eines Lebens. Da war ich nicht einfach ein Diplomat. Ich konnte mit den Menschen in Berührung kommen, an ihren Sorgen Anteil haben, ihnen Hilfe leisten.*[183] Die Jahre vergingen, in Rom regierte inzwischen ein neuer Papst (seit März 1939 Eugenio Pacelli als Pius XII.), und Roncalli selbst trat an die Schwelle des Alters. Während der ersten Exerzitien in seinem 60. Lebensjahr Ende November 1940 trug er in sein Tagebuch ein: *Ohne diesen Eintritt in den letzten, vielleicht rasch verlaufenden kurzen Abschnitt meines Lebens überzubetonen, habe ich doch das Empfinden, in bezug auf alles, was mich interessiert und berührt, irgendwie reifer und ernster geworden zu sein: ich möchte sagen, es ist ein größerer Abstand dazu, was meine Zukunft anbetrifft, und auch ein deutlicher Gleichmut «circa res creatas omnes – in bezug auf alle geschaffenen Dinge»; ein langsames und leichtes Verblassen der Konturen von Dingen, Personen und Taten [...] Ich will wachsam darauf achten, in Wort und Auftreten einfach zu bleiben und die Pose zu vermeiden. Zugleich soll aber auf alle etwas von der Würde und liebenswürdigen Vornehmheit eines alten Bischofs ausstrahlen, der um sich einen Hauch von Ehrwürdigkeit, Weisheit und Freundlichkeit verbreitet.*[184]

Den Wechsel im Pontifikat hatte er dazu benutzt, einen halboffiziellen Besuch im Phanar, dem Amtssitz des Griechisch-Orthodoxen Patriarchen von Konstantinopel, abzustatten – «eine Geste, die seit fast undenklicher Zeit unterlassen worden war», wie Mgr. Testa sich ausdrückt, der betont, daß dieser Besuch für Roncalli «unvergeßlich» geblieben sei und ihm immer wieder Anlaß gegeben habe, über die künftigen Beziehungen und eine Wiederannäherung von Ost- und Westkirche zu sprechen.[185] Er hat den Berg Athos wie ein Pilger besucht und den geistigen Zentren der Orthodoxie, wo immer eine Gelegenheit sich bot, Aufmerksamkeit erwiesen. In Kleinasien waren es die Steine selbst, die zu ihm sprachen. Dort lagen die Ruinen der großen Konzilsstädte der Vergangenheit.

Paris und Venedig
Die Sedisvakanz

Mitte Dezember 1944 erhielt Mgr. Roncalli eine chiffrierte Depesche aus dem päpstlichen Staatssekretariat, in der ihm mitgeteilt wurde, daß Pius XII. ihn als Nachfolger von Mgr. Valeri zum Apostolischen Nuntius in Paris bestimmt habe. Ein Zufall wollte es, daß Roncalli die Depesche selbst entziffern mußte. Er traute seinen Augen, vielmehr seinen eigenen Dechiffrierkünsten nicht, denn die Nachricht traf ihn völlig unerwartet.

Den Hintergrund für das Revirement bildete die schwierige kirchenpolitische Situation in Frankreich nach der Befreiung des Landes durch die Alliierten. Nuntius Valeri war 1940 nach dem deutschen Sieg über Frankreich mit dem übrigen Diplomatischen Corps der Regierung Marschall Pétains in die freie Zone nach Vichy gefolgt. Damit entsprach er seinen Aufgaben, denn der greise Marschall war in verzweifelter Lage rechtmäßig zum Staatsoberhaupt bestimmt worden. Durch die Anerkennung der Regierung in Vichy setzte sich der Vatikan aber in Widerspruch zur Résistance und zu dem von de Gaulle geführten «Freien Frankreich». Valeri wurden auch freundschaftliche Beziehungen zu Otto Abetz, dem deutschen Botschafter, nachgesagt. Pétain war gläubiger Katholik, natürlich kein Anhänger der als «Renouveau Catholique» bekannten modernen Bewegung in der französischen Kirche (die sich denn auch prompt zur Résistance schlug), sondern der traditionellen Kräfte, die im Kern republikfeindlich waren. Pétain kam der Kirche entgegen durch Abschaffung einiger antiklerikaler Gesetze. Für nicht wenige französische Prälaten hatte die Zusammenarbeit mit ihm sicherlich keine Überwindung bedeutet. Als Bürger ihres Landes sahen sie sich nun dem Verwurf der Kollaboration mit einem Regime ausgesetzt, das sich bereit gezeigt hatte, die künftige Vormacht Hitlers über Europa zu akzeptieren. Sogar die neue katholische Partei, das Mouvement Républicain Populaire, forderte im Interesse der eigenen Glaubwürdigkeit Konsequenzen. Die Regierung General de Gaulles, die Prozesse gegen Pétain und seine Mitarbeiter vorbereitete, drängte, im Widerspruch zu den Wünschen des Vatikans, auf Abberufung von Mgr. Valeri; sie verlangte auch die Demission von 40 Bischöfen, etwa der Hälfte des französischen Episkopats.

Es ist nicht vorstellbar, daß Piux XII. in dieser Situation die Entsendung Roncallis als Repressalie verfügt hat, wie Rouquette angibt[186]; dafür stand in Frankreich zu viel auf dem Spiel: nicht weniger als die Stellung der Kirche in der IV. Republik. Wohl aber handelte es sich um eine unkonventionelle Entscheidung in einer ungewöhnlichen Situation.[187] Dementsprechend wird ganz Unterschiedliches darüber kolportiert: Pius XII., und zwar er ganz allein habe diese Entscheidung getroffen[188], weil er – vollständiger Gegensatz zur Version Rouquettes – von Roncallis Eignung überzeugt gewesen sei; Montini habe den maßgeblichen Hinweis gegeben und anderes mehr. Roncalli selbst schrieb später an einen Freund: *Wenn die Pferde nicht mehr können, nimmt man Esel.*[189]

Wenn Frankreich damals nur eine schwarze Soutane mit weißer Weste wollte, wie man gescherzt hat, so war er schon deshalb der rechte Mann: denn er kam ja von keinem Posten aus einem Land, wo der Vatikan mit totalitären Staatsformen zusammengearbeitet hatte. Und man erinnerte sich jetzt in Rom sogar daran, daß er mit der Gedankenwelt der christlichen Demokratie Erfahrungen hatte, Gedanken, die letztlich im Frankreich des 19. Jahrhunderts ihren Ursprung hatten. In römischen Augen war er sicher nicht das, wessen man ihn in Frankreich schon bald verdächtigte, ein Integralist.[190]

Mgr. Roncalli verbrachte Weihnachten noch in Ankara, dann flog er, des Krieges wegen in weitem Bogen, über Kairo, Bengasi, Neapel nach Rom, wo er von Tardini Instruktionen erhielt und am 29. Dezember von Pius XII. in Audienz empfangen wurde. Er kam noch rechtzeitig nach Paris, um beim Neujahrsempfang des Diplomatischen Corps als dessen Doyen – ein dem Nuntius traditionsgemäß zukommenden Ehrenvorrang – an de Gaulle als Präsidenten der Provisorischen Republik die Glück-

Nuntius Roncalli als Doyen des Diplomatischen Corps bei General de Gaulle, Neujahrsempfang 1945

wunschadresse zu richten. Mit Energie stürzte er sich in seine neue Aufgabe, unangefochten durch den *rauhen und nebligen Winter; ein ruhiger Schlaf* [...] *besser als in Istanbul* erquickte ihn in der Nuntiatur in der Avenue Président Wilson im 16. Arrondissement. *Wenn ich mich in diesem großen fürstlichen Palast sehe, der mir ganz zur Verfügung steht, mit einem prächtigen Auto, mit zwei Sekretären, drei Schwestern, drei Personen, ja sogar fünf Personen zur Bedienung, ist keine Gefahr, daß ich mich in Hochmut versteige. Ich denke an die Colombera, an Brussico und an Camaitoni,* schrieb er in dem ersten erhaltenen Brief aus Paris nach Sotto il Monte.[191] Er deutet darin auch *Verdrießlichkeiten* an, *die ich mit denen des Heiligen Vaters vereinige*. Tatsächlich war seine Aufgabe zunächst schwierig. *Ich habe damals meine Person unter die Schuhsohlen getreten und nur die Kirche gesehen*[192], hat er später bekannt. Mit Hilfe seiner Geduld und List gelang es ihm, das Hauptproblem, die Frage der Bischofsdemissionen, zu entschärfen. Er forderte Unterlagen, die vom Papst selbst studiert werden müßten, und zog so die Dinge in die Länge. Zuletzt erreichte er es, daß nur zwei Bischöfe abgelöst werden mußten. Auch der Erzbischof von Paris, Kardinal Suhard, blieb auf seinem Posten. Für Mgr. Saliége, Erzbischof von Toulouse, der wegen seines Widerstands gegen Hitler die besondere Achtung der französischen Regierung und vieler Franzosen genoß, erwirkte er in Rom die Erhebung zum Kardinal, die Pius XII. bei dem Geheimen Konsistorium vom 18. Februar 1946 verkündete. Roncalli brachte dem kranken Bischof selbst das rote Birett nach Toulouse.

Pastorale Aufgaben wie in Istanbul hatte er in Frankreich nun nicht mehr; es waren *größer angelegte Formen, den Seelen Gutes zu tun,* wie er seiner Familie erklärte.[193] Während einiger Jahre dominierten in seinem Tagesablauf nun die Pflichten eines Nuntius auf einem besonders wichtigen und angesehenen Platz: dem ersten Posten der vatikanischen Diplomatie, um es genau zu sagen, mit dem darüber hinaus das Kardinalat damals noch so gut wie sicher verbunden war, sobald der Abgesandte eines Tages nach Italien, meist an die Kurie, zurückgerufen wurde. Paris bildet, so gesehen, die entscheidende Station in Roncallis Laufbahn. Was vorher gewesen war, mochte unbeachtet bleiben oder schnell vergessen werden; nun war er, wie seine Lebensumstände ihm täglich bestätigten, zu einem hervorragenden Diener der Kirche aufgestiegen, und wenn er sich Anspielungen auf die Aussicht der Zukunft verbat, so zeigt das gerade, daß er um diese wußte. Die Aufzeichnungen über seine erste geistliche Einkehr in Frankreich, während der Karwoche 1945 bei den Benediktinern in Solesmes, stehen noch deutlich unter dem Eindruck der großen Veränderung seines Lebens, aber sie zeigen auch seine Ruhe, Reife und Sicherheit. *Um in allem einfach zu bleiben, werde ich mir die drei göttlichen Tugenden und die Kardinaltugenden vergegenwärtigen. Die erste der Kardinaltugenden ist die Klugheit.* [...] *Sie ist die bezeichnende Tugend des Diplomaten.*[194] An Anna Roncalli schrieb er im Dezember 1946: *Siehst Du, meine liebe Anna, ich bin vor wenigen Tagen in mein 66. Lebensjahr eingetreten, und wenn ich mich nicht im Spiegel betrachte, täusche ich mich darüber weg, so jung fühle ich mich noch. Doch seit langem habe ich mich daran gewöhnt, jeden Tag an den*

Himmel zu denken. Dadurch verblassen alle Lockungen der Welt. Wer ist im kirchlichen Leben glücklicher und geehrter als ich gegen alles Verdienst meinerseits? Indes, diese Ehren und diese meine hohen Funktionen, die mich mit den vornehmsten Persönlichkeiten der Welt in Kontakt bringen, begeistern mich nicht, noch beunruhigen sie mich. Nichts mehr bringt mich außer Fassung. Ich denke an die Einfachheit unseres Lebens in der Colombera, und nichts begeistert mich wie der Gedanke, milde und demütig meinen Dienst zu leisten. [...][195]

Durch seine öffentlichen und privaten Äußerungen zu Problemen der französischen Kirche und durch die Art seines Auftretens enttäuschte er zuweilen Theologen und Publizisten. «Als er in Paris war», schreibt Rouquette, «haben wir geglaubt, er neige zum Integralismus. Auch Kardinal Suhard befürchtete es; er kam finster und unruhig aus den Besprechungen mit dem Nuntius, und es ist sehr wahrscheinlich, daß Monsignore Roncalli etwas an dem Mißerfolg der Arbeiter-Priester beteiligt war und an dem Verdacht, der über der Mission de France schwebte. Er empfing häufig Integralisten. [...] Die Folgezeit hat wohl gezeigt, daß er kein Integralist war. Aber auf der einen Seite gehorchte er den Direktiven des Vatikans; er fürchtete Pius XII., der ihn aus der Nähe überwachte [...] Und vor allem führte er in der ihm eigenen Weisheit des Bauern eine Politik des Gleichgewichts, von der wir ohne Zweifel nur eine Seite sahen. Er hat uns bei ‹Études› diese Politik eines Tages erklärt, nach einer Mahlzeit und eine gute Zigarre rauchend: *Nun ja, wie Sie es so schön auf französisch sagen: halbe Drehung nach rechts, halbe Drehung nach links.*»[196] Diese Intellektuellen hielten ihn für unbedeutend. Wenn darüber hinaus auch andere ihn gelegentlich mit Zurückhaltung oder gar mit Argwohn betrachteten, so galt das viel weniger der Person, als dem Amt, das er bekleidete. Man fürchtete in den Ortskirchen die Nuntiaturen als, wie man spöttelte, «Denuntiaturen», die Nuntien innerkirchlich als Aufpasser, die dabei womöglich ohne wirkliche Sachkenntnis waren, bestenfalls geschliffene päpstliche Juristen, aber keine Seelsorger oder Theologen. Diesem römischen Typus entsprach Roncalli nun zwar gerade nicht, aber die pastoralen Erfahrungen, die er mitbrachte, stammten aus wesentlich anderen sozialen Verhältnissen, als er sie in Frankreich vorfand. Auch das intellektuelle Klima des Landes und die neue Theologie, die dort zu Hause war, kannte er nicht. Rückblickend betrachtet, scheint es: wichtiger als was der Nuntius Roncalli Frankreich geben konnte, war, was Frankreich dem künftigen Papst Johannes XXIII. gegeben hat. Offen für neue Eindrücke, wie er stets war, hat er dort in seiner bedächtigen Weise viel gelernt, und die Zurückhaltung, die er in schwierigen Fragen zeigte, war wohl nicht nur diplomatische Absicht, sondern Teil dieses Lernprozesses.

In seine Amtszeit fallen die gegen die «Nouvelle Theologie» gerichtete Enzyklika Pius' XII. «Humani Generis» (1950) und in Verbindung damit die Abberufung einiger Ordensprovinziale und Professoren, die Indizierung zweier Werke von de Lubac (1983 Kardinal) und Le Chartier, die Krise um die Tätigkeit der Arbeiterpriester (wobei Pius XII. zunächst nur

Mit Erzbischof Jean Delay. Marseille, 27. Mai 1948. Der Nuntius als Überbringer der päpstlichen Bulle, durch welche die Diözese zur Erzdiözese erhoben wurde

Beschränkungen verfügte, während ein viel weitergehendes römisches Verbot in das erste Pontifikatsjahr Johannes' XXIII. fällt). Diese Restriktionen waren einschneidend, und doch zeigt sich in ihnen – besonders im Vergleich mit früheren römischen Stellungnahmen, wie etwa gegen die Modernisten, eine eher maßvolle Haltung. «Humani Generis» dämmte

Der Nuntius im Gespräch mit Mgr. Guerry, Erzbischof von Cambrai, während einer Konferenz der französischen Kardinäle und Erzbischöfe, Paris 1948

nur zurück, enthielt aber kein grundsätzliches Verbot und auch keine persönlichen Verurteilungen.[197]

Man kann vermuten, daß Roncallis irenischer Geist auch in diesen heiklen Angelegenheiten ausgleichend zu wirken bemüht war; aber er verstand sich unzweideutig als Beauftragter des Papstes, und in Exerzitien im Dezember 1947 bestärkte er sich in dem Vorsatz, nichts zu verharmlosen: *Ich darf nicht aus reiner Gefälligkeit oder Furcht, dadurch Anstoß zu erregen, Mangel übersehen und die wirkliche Lage bezüglich des religiösen Lebens, des ungelösten Schulproblems, des Priestermangels, der Ausbreitung des Laizismus und des Kommunismus hier bei der ältesten Tochter der Kirche verschleiern.* [...] *Ein Nuntius wäre sonst nicht mehr würdig, als das Auge und Ohr des Heiligen Stuhles zu gelten, würde er nichts anderes tun als loben und selbst das anerkennnen, was schmerzlich und bedenklich ist.*[198]

Einen erstaunlich großen Teil seiner Zeit verbrachte er auf Reisen. Kaum eine der vielen Diözesen Frankreichs dürfte er ausgelassen haben, die Chronologie Capovillas verzeichnet eine nicht abreißende Kette größerer und kleinerer Besuchsreisen. Die längste führte ihn 1950 9000 Kilometer im Auto durch Spanien und Nordafrika. Er wußte seinen Aufenthalt dort ebenso pastoral zu nutzen (besonders in Algier, wo der Kampf um die Unabhängigkeit den Haß aufrührte) wie in der französischen Provinz, wo er überall Kontakt zu den Menschen suchte. Er besuchte Klöster, Wallfahrtsstätten, figurierte bei vielen frommen Anlässen und hat so Frankreich wortwörtlich bis in seine Pfarrgärten hinein kennengelernt. Pius XII. hat das gelegentlich mißbilligt[199], ebenso wie seine Spaziergänge durch Paris, bei denen ihn nicht zuletzt die Buchhändler an der Seine anlockten.

Ohne Einschränkung erfolgreich war der Nuntius dagegen bei der Erfüllung seiner diplomatischen Aufgaben. Seine guten Beziehungen zu den staatlichen Behörden erlaubten es ihm auch, sich um die in Frankreich zurückgehaltenen deutschen Kriegsgefangenen zu bemühen. Eine Anzahl von ihnen hat er, nachdem ein entsprechendes Studium eingerichtet worden war, zu Priestern geweiht. Er war auch der erste ständige Beobachter des Heiligen Stuhles bei der UNESCO.

Er baute sich gute persönliche Beziehungen zu französischen Politikern verschiedener Parteien auf. Als ein «behaglicher, jovialer und äußerst kluger Kirchenfürst» erschien er auch Wilhelm Hausenstein, dem Generalkonsul der Bundesrepublik Deutschland. Während er sich auf offizieller Ebene bewußt größter Zurückhaltung befleißigte, pflegte er die gesellschaftlichen Kontakte um so mehr. Seine Frühstücke waren ebenso berühmt wie seine Bonmots, und zuweilen gab es zwischen dem Kulinarischen und dem Geistigen sogar einen diskreten Zusammenhang wie bei den vielen Anekdoten, die um seine Körperfülle kreisen.[200] (Es wird jedoch bezeugt, daß der Nuntius persönlich sehr spartanisch gelebt habe; die Bücher hätten ihn dick gemacht, erklärt sein Koch, der später das renommierte Feinschmeckerrestaurant «La Grenouille» betrieb.) Der Nuntius kannte seine Gäste. «Glauben Sie eigentlich, mein lieber Roncalli», fragte ihn Präsident Herriot, «daß sich die Menschen mit dem Alter bessern?» – *Es kommt darauf an,* erwiderte dieser, *damit geht es wie mit den Weinen. Die Zeit bessert manche.*[201] Frauen wurden in die Nuntiatur üblicherweise nicht eingeladen, aber auch mit ihnen wußte er gesellschaftlich unbefangen umzugehen und sich schlagfertig zu behaupten, wenn man ihn ein bißchen foppen wollte. «Geniert es Sie denn nicht, Monsignore, wenn bei einem großen Diner Damen anwesend sind, die so sehr dekolletiert sind, daß es manchmal ein Skandal ist?» – *Ein Skandal? Aber nein,* antwortete Roncalli, *denn wenn eine Dame ein zu tief ausgeschnittenes Kleid trägt, schaut man ja nicht auf sie, sondern auf den Apostolischen Nuntius.*[202]

Bevor er Frankreich verließ, gab er in der Nuntiatur ein Essen, bei dem er die Premiers Edgar Faure, Georges Bidault, Antoine Pinay, Félix Gouin, René Mayer und René Pleven vereinigte. *Nur unter meinem Dach,* scherzte der Gastgeber, *können sich die Politiker Frankreichs mit ihren so verschiedenen Richtungen friedlich beisammen finden.*[203]

Die Aufnahme in das Kardinalskollegium erfolgte im Konsistorium von 12. Januar 1953. Ein Telegramm Mgr. Montinis, das Roncallis Ernennung ankündigte, erhielt der Nuntius am selben Tag, an dem er von der schweren Erkrankung seiner Lieblingsschwester Ancilla erfuhr (30. November 1952), die ein Jahr später an Krebs starb. Das Kardinalat bedeutete den Abschied von Frankreich. Den Scheidenden begleitete eine Welle der Sympathie. Präsident Auriol, Sozialist und überzeugter Atheist, machte von dem alten Vorrecht des französischen Staatsoberhaupts Gebrauch – das seit der Trennung von Staat und Kirche aber nur noch selten in Anspruch genommen worden war –, als Vertreter des Papstes dem Erwählten das rote Birett aufzusetzen. Roncalli empfing es in festlicher Zeremonie, zu der er aber auch seine Brüder und den Bürgermeister von Sotto il Monte eingeladen hatte, im Waffensaal des Élysée-Palastes. Über seine künftige Verwendung war bereits entschieden. Nach dem Tod des Patriarchen Agostini (28. Dezember 1952) wurde er zum neuen Metropoliten von Venedig bestimmt. Die offizielle Verlautbarung darüber erfolgte in Rom am gleichen Tag wie der Festakt in Paris (15. Januar 1953).

Damals wie später drängte es Roncalli nicht dazu, Kurien-Kardinal zu werden.[204] Eine schönere Aufgabe freilich als die in der Lagunenstadt hätte der neue Purpurträger nicht finden können, auch keine, die besser zu ihm gepaßt hätte. Venedig war einer der angesehensten Bischofssitze Italiens, aber nicht mit den Problemen einer modernen Großstadt belastet wie etwa Mailand; vielfältig berühmt durch Kunst und Geschichte war es auch mit Bergamo historisch eng verbunden, ferner traditionell reich an Beziehungen – nicht unproblematischen freilich – zu den Ländern des christlichen Ostens. Roncallis Bischofskirche San Marco war mit ihren Mosaiken dafür ein steingewordenes Zeugnis. In Venedig konnte sich die farbige und kultivierte Persönlichkeit Roncallis ebenso entfalten wie sein Seelsorgseifer, mit dem er hier in die Spuren eines großen Vorgängers trat: des Patriarchen Sarto, der aus dem Konklave von 1903 als Pius X. hervorgegangen war und den Pius XII. 1951 seliggesprochen hatte.

Roncalli kehrte in die Heimat zurück als Bischof einer italienischen

Präsident Auriol setzt Mgr. Roncalli das Kardinalsbirett auf

Diözese: *Jetzt, am Ende einer langen Lebensreise, komme ich nach Venedig, dem Land und dem Meer, das meinen Ahnen durch gut vier Jahrhunderte vertraut war und mir durch meine Studien und Neigungen noch vertrauter ist,* begrüßte er die Venezianer.[205] In seinen Worten schwingt etwas wie ein persönliches Glücksgefühl; tatsächlich dürfte das Urteil zutreffen, die Jahre in Venedig seien die unbeschwertesten in seinem Leben gewesen. Neue Kräfte wuchsen hier Roncalli in dem Maße zu, wie er seiner väterlichen Natur freien Lauf lassen konnte. Um sich mit einfachen Menschen solidarisch zu fühlen, brauchte der Abkömmling kleiner Leute vom Lande sich nicht herabzulassen. So lernte er bereits in Venedig, das Väterliche mit dem Brüderlichen in völlig natürlicher Weise zu verbinden, und da er dabei fast unvermeidlich der Gebende war, konnte er wohl nicht anders als glücklich sein in einem Amt, das seinen Instinkten so vollkommen entsprach. Bald war er in den Gassen, auf den Plätzen und Kanälen Venedigs zu Hause. Ungezwungen benutzte er statt eines eigenen Motorboots den Vaporetto, sprach mit jedermann und hatte für alles ein offenes Auge und Ohr. Man sah ihn auf den Steinstufen eines Kais sitzen und mit den Gondelführern plaudern, auf der Piazza der Stadtkapelle applaudieren.

Aber er empfing auch viele, oft hochgestellte Gäste, und als Kardinal Feltin bei ihm zu Besuch weilte, bestellte er für ihn auf dem Marktplatz die «Marseillaise» ... Seiner angeborenen Liebenswürdigkeit folgend und vertrauend, führte er in ganz spontaner Weise vor, was er besaß oder worüber er in Venedig verfügte, in erster Linie die Sehenswürdigkeiten der Stadt. Eine Anekdote berichtet von Kardinal Wyszyński, der auf der Durchreise von Rom von Roncalli ein wenig spazieren gefahren wurde und plötzlich bemerkte, daß er im Begriff war, seinen Zug zu verpassen. Da wies Roncalli lächelnd auf einen sie begleitenden Herrn. Es war der Bahnhofsvorsteher von Mestre, den er «entführt» hatte: *Ohne ihn fährt der Zug nicht ab.*[206] Er zeigte auch gern die Zimmer mit den Erinnerungen an den Patriarchen Sarto (bei dessen Heiligsprechung durch Pius XII. am 29. Mai 1954 in Rom er selbstverständlich zugegen war) und seine kleine, aber erlesene Bibliothek.

Als Metropolit hatte er einen ausgedehnten Tätigkeitsbereich. Zur Kirchenprovinz Venedig gehörten neun Suffraganbistümer (Padua, Verona, Vicenza, Treviso, Feltre-Belluno, Chuggia, Concordia, Vittorio Veneto und Adria), doch war er als Präsident des bischöflichen Rates der Drei Venezien auch für die Metropolitansitze Görz und Udine mit den Bistümern Brixen, Triest und Capodistria sowie für das Erzbistum Trient verantwortlich. Hatte Patriarch Agostini als altväterlich-streng gegolten, führte Roncalli ein vergleichsweise mildes Regiment, obwohl es ihm in Fragen von wirklicher Bedeutung an Festigkeit nicht fehlte; gerade in Würdigungen von Roncallis Tätigkeit in Venedig fallen Formulierungen auf, die seine von den verbindlichen Formen nur verdeckte Energie und Beharrlichkeit betonen: «hart wie Stahl» wird er genannt und «entschiedener starker Willensmensch» – so charakterisiert ihn Mgr. Urbani, damals Bischof von Verona, der mit Roncalli befreundet war und den dieser nach seiner Wahl zum Papst zum neuen Patriarchen von Venedig bestellte.[207]

Im Vordergrund der Sorge des Bischofs stand der Klerus. In einer Folge von Briefen, die Roncalli erscheinen ließ und die er *Richiami ed Incitamenti* (Klagen und Anregungen) betitelte, nahm er zu vielen Fragen Stellung, immer wieder aber wendete er sich ermahnend und belehrend an die Priester zu Problemen der sozialen Wohlfahrt, der Seelsorge und des geistlichen Lebens. Er schrieb ferner humorvoll über alltägliche Fragen wie die Kleidung der Touristen in einer vom Fremdenverkehr überfluteten Stadt. Die Frauen sollten sich in Kirchen und Straßen passend klei-

Auf dem Canal Grande beim festlichen Einzug in Venedig, 15. März 1953

den, *denn wir leben weder am Nordpol noch in den Tropen*[208], und selbst dort gingen die Löwen in Fellen. Kunstseide sei kühl und außerdem billig.

Vor allem in den neuen Industriegebieten auf dem Festland errichtete Roncalli zwischen 1953 und 1958 zahlreiche neue Pfarreien. Von seiner Geschicklichkeit im Umgang mit der italienischen Bürokratie und seinen damit zusammenhängenden Bemühungen um den damaligen Finanzminister Andreotti berichtet dieser sehr anschaulich in seinem 1980 erschienenen Buch «A ogni morte di Papa» (deutsch 1982 unter dem Titel «Meine sieben Päpste»).[209] Roncalli kümmerte sich um das Patriarchatsarchiv, das er in modernen Räumen unterbrachte, und begann mit der Renovierung von San Marco. Für die Gräber der Patriarchen – er war der 43. – wurde Platz geschaffen in einer neuangelegten Krypta. Auf den Wunsch, den Lettner umbauen zu lassen, damit die Gläubigen dem Geschehen am Altar besser folgen könnten, verzichtete Roncalli wegen der heftigen Proteste, besonders der Denkmalspfleger. *Ich mache daraus keinen Kriegsgrund,* erklärte er. [...] *Wenn man mir sagte, um meine Absicht zu erreichen, brauchte ich nur eine Ameise zu töten und sonst nichts – ich würde es nicht tun.*[210] Auch mit der Renovierung des verwahrlosten Patriarchenpalasts ließ er beginnen und auf dem Dach eine Terrasse für sich errichten. Dort, mit Aussicht auf ganz Venedig und das Meer, las er gern, schon bei Sonnenaufgang, das Brevier.

Er war der erste Patriarch von Venedig, der die Biennale, die internationale Kunstausstellung, besuchte (1956), nachdem sein im vorangegangenen Jahr geäußerter Wunsch, bei der Auswahl von Werken mit religiöser Thematik mehr Vorsicht walten zu lassen, von der Ausstellungsleitung berücksichtigt worden war. *Die abstrakte Kunst,* äußerte er sich, *hat zumindest den einen Vorzug, daß sie weder mit den Dogmen noch mit der Moral in Konflikt gerät.*[211] Er lud die Künstler in seinen Palast ein und erlaubte auch seinem Klerus, die Ausstellung zu besuchen. Auch mit den Teilnehmern der Filmfestspiele wußte er umzugehen, las für sie alljährlich eine Messe in San Marco und redete ihnen abwägend zu. *Wenn man die immer erstaunlicheren Überraschungen der Filmproduktion sieht, ist man verwirrt.* [...] *Messieurs, meine Brüder! Als Künstler werdet ihr sicher schon über das Problem nachgedacht haben, ob etwas schön sein kann, ohne gleichzeitig gut zu sein* [...][212] Zumindest seinen guten Willen, sie zu verstehen, werden die Künstler gespürt haben. Es war Roncalli zu verdanken, daß Strawinsky, obwohl die Kurie gegen ihn in Rücksicht auf seine Zugehörigkeit zur Orthodoxie Bedenken erhoben hatte, sein Oratorium «Canticum sacrum in honorem Sancti Marci Evangelistae» in San Marco uraufführen und selbst dirigieren durfte – in Anwesenheit des Patriarchen. Im September 1958 erschien Roncalli zur Generalprobe von Strawinskys «Lamentationes Jeremiae Prophetae» und sprach mit dem Komponisten.

Bei alldem war der Patriarch viel unterwegs, etwa als Legat des Papstes beim Marianischen Nationalkongreß im Libanon und bei zahlreichen offiziellen kirchlichen Anlässen in ganz Italien; er reiste auch privat, so in die Bundesrepublik und nach Spanien (Santiago de Compostela). Aber nach Rom fuhr er selten.

Vor wesentlich andere politische Aufgaben sah der Patriarch von Venedig sich gestellt als vordem der Nuntius in Paris. Die meisten älteren Biographien behandeln dieses – im Hinblick auf die politische Linie seines Pontifikats – interessante Kapitel im Leben Roncallis nur kurz; um so aufschlußreicher ist die Darstellung Hales'[213].

Der Patriarch von Venedig

Roncalli war den Problemen der italienischen Innenpolitik seit Jahrzehnten entfremdet, in verantwortlicher Position hatte er sich, da die Ernennung zum Bischof ihn sogleich ins Ausland geführt hatte, bisher niemals mit ihr zu befassen gehabt. Seitdem hatten vor allem die Lateran-Verträge, aber auch der Zusammenbruch des Faschismus, das Ende der Monarchie und der Aufstieg der Democristiani die kirchenpolitische und gesellschaftliche Szene verändert. In Frankreich war Roncalli im Mouvement Républicain Populaire einer der neuen christlich-demokratischen Parteien Westeuropas bereits begegnet. Das MRP war jedoch eine wirkliche Laienbewegung, die zwar von vielen Geistlichen unterstützt wurde, aber eine vom Klerus unabhängige Politik ins Werk setzte. Ihre Führer wie Robert Schuman und Georges Bidault wären für eine Lenkung durch die Bischöfe oder den Nuntius nicht zu haben gewesen. Roncalli machte damals Erfahrungen, die auf seine spätere Haltung als Papst offensichtlich nicht ohne Folgen geblieben sind.

In Italien hingegen wurde die christdemokratische Partei von Pius XII. massiv beeinflußt, der sich dafür des von ihm straff geführten Episkopats bediente, der seinerseits den niederen Klerus und durch diesen die Wähler lenkte. Dabei war das wichtigste von allen anstehenden Problemen das einer möglichen Zusammenarbeit mit der politischen Linken. Es war nicht das erste Mal, daß sich der Vatikan gegen ein solches politisches Bündnis entschied. Hätte Pius XI. nach seinem Regierungsantritt der katholischen Volkspartei unter Don Sturzo und Alcide de Gasperi Unterstützung gewährt und ihre Koalition mit den Sozialisten zugelassen, diese zwei damals größten italienischen Parteien hätten Mussolini von der Macht fernhalten können. Pius XI. hatte diese Möglichkeit verworfen und so indirekt die faschistische Diktatur vorgezogen. Nach dem Zweiten Weltkrieg fürchtete Pius XII. vor allem das weitere Vordringen des Kommunismus. Im Juli 1949 erließ er die Anordnung, daß Katholiken bei Strafe der Exkommunikation die Kommunisten nicht politisch unterstützen durften. In einigen Ländern blieb diese Weisung Theorie; in Italien wurde sie praktische Politik. Sie führte zu einer Polarisierung der Kräfte, ließ den Papst selbst zum Zielpunkt heftiger Angriffe werden und verpflichtete so auch gemäßigte Kleriker wie Roncalli zur Parteinahme. Am 6. Juni 1956 sagte er in Venedig vor Gruppen der Katholischen Aktion: [...] *Es ist notwendig zu wissen, wie man sich einer pro-sozialistischen Auffassung [...] entgegenstemmt; und es ist notwendig zu wissen, wie man sich dem Säkularismus entgegenstellt. Auf den ersten Blick mag die Gefahr, die von dieser Weltanschauung ausgeht, nicht schwer erscheinen; aber sie ist es. Und wenn der Papst und die Bischöfe sagen, sie ist schwer, dann haben sie ihre Gründe dafür, und der Gläubige soll auf sie hören. Das ist eine Sache der Disziplin, und ihr werdet verstehen, wie ernst das ist. Zwei Dinge sind es, die in der Kirche zählen: die Lehre und die Disziplin. – Gedankenfreiheit in allen Ehren; persönliche Überzeugungen verdienen Respekt – aber innerhalb der anerkannten Grenzen. [...] Wie immer wollen die Jungen mehr wissen als die Alten; sie schätzen es nicht, gewarnt zu werden: es liegt ihnen nichts an Ratschlägen. Das ist eine alte Geschichte, die sich auch für*

Papst Pius XII. und Pro-Staatssekretär Montini

die Alten von morgen wiederholen wird. Kostbar jedoch, heute wie morgen, sind Erfahrung, Weisheit, Besonnenheit: und vor allem Übereinstimmung mit den Weisungen der Kirche, welche – abgesehen davon, daß sie sich der Gnade des Heiligen Geistes erfreut – auch die Erfahrungen von Jahrhunderten zu ihrer Verfügung hat. – [...] In der gefahrvollen Stunde des Kampfes und der Ungewißheit, in außerordentlich heikler und schwieriger Situation, ist das Führen des Steuerruders gefährlich, und die Entscheidung liegt beim Kapitän. – Daher also: jeder Mann auf den Posten! Ihr habt mich verstanden. Wenn es darüber hinaus etwas zu sagen gibt, wird es euch zu gegebener Zeit gesagt werden [...][214] Eine besonders kämpferische Predigt hielt er zu den Wahlen des Jahres 1958 am 9. März in San Marco: *Oh, meine Kinder! Hütet euch vor Bündnissen und Kompromissen, vor Vereinbarungen, die nur auf Träumen, auf Versprechungen derer gründen, die vorgeben, die Freiheit achten zu wollen, aber Wahrheit, Gerechtigkeit und Freiheit ohne Skrupel mit Füßen treten.*[215]

Es läßt sich nicht beurteilen, ob er nur den Weisungen des Papstes gehorchen oder ob er sich von dem, was er sagte, nicht doch mehr oder weniger hatte überzeugen lassen. Weder im Ton noch im Inhalt stimmen diese – hier sehr verkürzt wiedergegebenen – Texte mit dem überein, was er als Papst geäußert hat.

Papst Pius XII. und Kardinal Roncalli

Kardinal Roncalli empfing den ersten, noch unbestimmten Hinweis auf die erneute Erkrankung Pius' XII. am Nachmittag des 5. Oktober 1958. Er und seine Begleitung schickten sich eben an, zu einer marianischen

Feier aufzubrechen. In diesem Jahr beging man in vielen Veranstaltungen die 100. Wiederkehr der Tage, an denen Bernadette Soubirous in Lourdes die Gottesmutter erschienen war. Roncalli hatte, seinen Pflichten entsprechend, bereits an mehreren derartigen Marienfesten und -weihen teilgenommen.

Ein besonderer Höhepunkt dieses Gedenkjahres hatte ihn im März noch einmal nach Frankreich geführt; mit Zustimmung des Papstes weihte er die neuerbaute unterirdische Basilika in Lourdes auf den Namen Pius' X. Diese Feierlichkeiten waren, wie er in seinem Bericht an Pius XII. schrieb, *ein Muster – bestimmt das Vollendetste, das ich je in meinem Leben gesehen habe – an Vorbereitung bis in die kleinsten Details, an Ordnung, Ruhe, Gesang, Liturgie, an Innigkeit überzeugten religiösen Erlebens [...] Ich habe noch nie etwas so Geordnetes, so Vollendetes, so Ernstes, so für Augen und Herz Ergreifendes gesehen.*[216] Da es ihm für alle Beteiligten zu ermüdend schien, daß er die riesige Basilika dreimal zu Fuß segnend umwandelte – wie es vorgesehen war –, fuhr er dreimal im Auto um das Gebäude. Roncallis Festansprache war konventionelle Hagiographie. Er rühmte an Pius X. *waches Bewußtsein der höchsten Verantwortung, weite und tiefe Schau der grundlegenden Fragen der menschlichen und christlichen Gesellschaft, eine Ausübung des Lehramts im Geiste der Sanftmut und Demut Jesu, gleichzeitig aber auch ein klares und unerschütterliches Einstehen für die Wahrheit, für die Gerechtigkeit, für einen Frieden ohne Schwäche und ohne Kompromisse [...]* Auch die bestürzende, politisch sicherlich unkluge Härte, mit der Pius X. den Streit zwischen der Kirche von Frankreich und dem französischen Staat bis zum Äußersten geschärft hatte, rechtfertigte Roncalli in einer Anspielung, indem er behauptete: *Die Stimme jener, die einen Kompromiß befürworteten, um einige irdische Güter zu retten, in der irrigen Meinung, dadurch eine bessere Sicherung zu schaffen, sind heute verstummt.*[217] Die Äußerungen des Legaten entsprachen dem Frömmigkeitsstil des zu Ende gehenden Pontifikats Pius' XII.: *Behüte, o Maria, unseren erhabenen Hirten auf dem päpstlichen Thron und laß ihn im gleichen hellen Licht der Heiligeit erstrahlen, das seinen edlen Vorgänger Pius X. geschmückt hat.*[218] Von Lourdes war Roncalli nach Rom gefahren, wo er vom Papst in Audienz empfangen wurde. Es war die letzte Begegnung der beiden Hierarchen.

In den letzten Septembertagen war der Schluckauf, der Pius bereits 1954 gequält hatte, wiedergekehrt. Der Papst ignorierte die Warnungen seiner Umgebung und arbeitete wie gewohnt. Weiterhin traf er alle wichtigen Entscheidungen selbst. Von den wenigen Mitarbeitern, die er als Gehilfen benötigte, ließ er sich bis zuletzt genau und bis ins einzelne unterrichten. Weiterhin fertigte Pius auch die Reinschriften seiner Ansprachen auf der Schreibmaschine selbst an; dabei lernte er sie auswendig. Er zeigte sich den Gläubigen, die im Schloßhof von Castel Gandolfo auf ihn warteten, und gewährte Gruppen- und Privataudienzen. Die letzte Privataudienz erhielt Alec Guiness, der gerade konvertiert war.

Bis zuletzt behielt Pius auch die Gewohnheit bei, sich gegenüber den Angehörigen von Berufsgruppen oder Standesorganisationen, die im An-

Letzter Besuch Roncallis in Sotto il Monte zum Fest der Himmelfahrt Mariens, 15. August 1958

schluß an irgendeine Versammlung zur Audienz erschienen, über ihr jeweiliges Fachgebiet zu äußern und so die Universalität des Lehramts ins Licht zu stellen. Am 2. Oktober hielt er vor amerikanischen Seminaristen eine lateinische Rede, zwei Tage später sprach er vor den Teilnehmern eines Chirurgenkongresses. Am 5. Oktober trug er auf französisch eine lange Ansprache vor Juristen vor. Die Teilnehmer bemerkten, daß seine Worte entstellt klangen und daß der Papst, als er seine Hörer segnen wollte, plötzlich mit erhobenem Arm mitten in der Bewegung erstarrte.

In den Morgenstunden des 6. Oktober trat die arteriosklerotisch bedingte Störung des Kreislaufs im Gehirn ein, die Pius niederstreckte. An diesem Dienstag wurde die Welt durch die Presse über die schwere Erkrankung des Papstes unterrichtet. Die Kirchen füllten sich mit Betenden. Schon am Vormittag waren Journalisten nach Castel Gandolfo geströmt und hatten die Nacht dort gewartet. Nun sammelten sich rings um das Schloß immer mehr Menschen. Es entstand eine Atmosphäre von Mutmaßungen und Gerüchten. Mit Blitzlichtern und Jupiterlampen lauerte man auf jedes Lebenszeichen hinter den Fenstern.

Am nächsten Morgen erfolgte der zweite Anfall, der jede Hoffnung zerstörte. Gegen zwölf Uhr erschienen in Rom Extraausgaben mehrerer großer Zeitungen, die den Tod des Papstes meldeten. An diesem strahlend schönen Herbsttag lauerten die Journalisten noch immer vor den Mauern von Castel Gandolfo – wie Totenvögel, aber ohne deren Instinkt. Die Todesnachricht in der Presse beruhte auf einem Mißverständnis. An diesem Tag fertigte der Leibarzt Galeazzi-Lisi heimlich Fotografien an, die in schamloser Direktheit die Agonie des Kranken zeigten. Später verkaufte er diese Aufnahmen und ein Tagebuch, das er geführt hatte, an illustrierte Zeitungen. Ein geistlicher Sprecher berichtete über Radio Vatikan vom Leiden und der Behandlung des Papstes. Aber inzwischen meldete die Presse nun bereits die letzten Worte, die Pius angeblich vor seinem Ende gesprochen hatte. Fahnen sanken auf Halbmast, während anderswo noch Fahnenschmuck für den Empfang des Schahs von Persien angebracht wurde, dessen Staatsbesuch bevorstand. So endete ein formstrenger Pontifikat in Gier und Verwirrung. Der Vatikan erschien gelähmt. Die letzten Tage Pius' XII. zeigten, wie der Regierungsstil des großen Selbstherrschers die vatikanischen Behörden aller selbständigen Kraft beraubt hatte.

Es kann kaum zweifelhaft sein, daß Roncalli nach dem Tod Pius' XII. am 9. Oktober – wie noch einige andere italienische Kardinäle – sogleich die Möglichkeit erwogen hat, die Wahl des Heiligen Kollegiums könnte auf ihn fallen. Einige Darstellungen des Konklave von 1958 – auch die Papstgeschichte Schwaigers – behaupten, daß niemand mit der Wahl Roncallis gerechnet habe. Das ist unzutreffend. Der Patriarch gehörte nach Meinung vieler großer Zeitungen, die über eigene Korrespondenten in Rom verfügten, von Anfang an zu den papabili: manche Blätter nannten ihn sogar als einen von sehr wenigen Kandidaten, auf die sie tippten, oder sie räumten ihm auf einer längeren Liste einen bevorzugten Platz ein. Ein deutscher Beobachter in Rom – Höfer – sagte die Wahl Roncallis voraus. Wie sehr die Auguren auch im einzelnen irren mochten – Johannes XXIII. hat nach seiner Wahl die Pressedarstellungen in toto zurückgewiesen –, um vorauszusagen, daß Roncalli einer der aussichtsreichsten Kandidaten im Konklave war, bedurfte es keiner prophetischen Gaben. Dazu war die Zahl der dafür überhaupt Geeigneten in dem überalterten Kollegium der Kardinäle viel zu gering. Auch war diesmal offensichtlich kein Anwärter da, dem auf Grund einer überragenden Qualifikation eine größere Stimmenzahl sogleich zufallen mußte – wie etwa 1939 bei der Wahl Pacellis oder 1963, als Montini gewählt wurde.

Roncalli war ein erfahrener Prälat, der die Probleme der Kirche beim Tod Pius' XII. und die Gedanken vieler ihrer hohen Würdenträger gut kannte; in der Lagunenstadt waren die Kardinäle Spellman, Tisserant, Costantini, Wyszyński, Siri, Feltin, Agagianian, Gilroy und noch andere seine Gäste gewesen, mit Montini war er wiederholt in Mailand und in Venedig, einmal sogar in Sotto il Monte, zusammengetroffen. Was ihm eine bevorzugte Ausgangsposition gewährte, war zunächst einfach die Tatsache, daß er Italiener war. Als Patriarch von Venedig war er zudem Inhaber eines Bischofssitzes, von wo bereits einmal in diesem Jahrhundert ein Papst gekommen war – Sarto –, was ohne rechtliche, aber von unwägbarer psychologischer Bedeutung sein mochte. Von allen italienischen Kardinälen besaß er die meiste Auslandserfahrung. In Bergamo und in Venedig hatte er als Seelsorger gewirkt – das hatte er sogar Pius XII. voraus, der nie Pfarrer oder Ortsbischof gewesen war. Roncalli galt als aufgeschlossen, als genügend sozial progressiv, um beliebt zu sein, war aber auch für stärker der Tradition verpflichtete Wähler vertrauenerweckend.

Einiges, was scheinbar gegen ihn sprach, konnte ihm in der besonderen Situation von 1958 ebenfalls zum Vorteil gereichen. So war er mit 77 Jahren für die Wahl normalerweise sehr alt. Wenn man aber bereits an den übernächsten Papst dachte – und der hieß für viele Kardinäle damals bereits zweifellos Montini, den man jetzt nur nicht wählen mochte, weil er noch nicht Kardinal war –, so war es gut, wenn der neue Papst nicht zu jung war. Der Pontifikat Pius' XII. hatte zudem gezeigt, daß aus zu lange dauernder Regierungszeit Einseitigkeit und Verhärtungen sich fast unvermeidlich ergaben. Unter diesem Aspekt brauchte auch die Tatsache, daß Roncalli nach seinem Vorgänger ein wenig bedeutender Kandidat schien, nicht gegen ihn zu sprechen. Größe und Anspruch Pius' XII. hatten die Mitwirkung des Kardinalskollegiums und des Episkopats an der Regierung der Kirche fast ganz unterbunden. Bei einem Mann von mehr durchschnittlichem Zuschnitt würde sich dergleichen nicht wiederholen. Zudem war Roncalli dem verstorbenen Papst nicht nahegestanden (wie das für Montini ursprünglich zutraf). Konklaven neigen zur Veränderung; 1958 war zumindest ein Stilwandel erforderlich.

Allein auf Grund solcher Überlegungen konnte Roncalli sich sagen, daß es für ihn – wenn er nicht klar verlauten ließ, daß er nicht zur Verfügung stand – möglicherweise keine Rückkehr nach Venedig gab. Dennoch war die Wahl durchaus offen. Das Sprichwort sagt, daß wer ein Konklave als Papst betritt, es als Kardinal wieder verläßt. Es genügte, wenn ein Drittel der Wähler Roncalli ihre Stimmen hartnäckig verweigerten. Dann würden sich die Stimmen, die für ihn abgegeben worden waren, wieder verlieren, denn das Kollegium war darauf angewiesen, sich zu einigen, und dafür waren zwei Drittel der Stimmen und eine zusätzliche notwendig. 1958 waren alle papabili in gewissem Sinne Kompromißkandidaten. Wenn es nicht Roncalli sein konnte, würde es ein anderer sein. Zu dem kleinen Kreis der in Rom mächtigen Kardinäle hatte Roncalli niemals gehört. Eine gewisse Vorentscheidung war von den Tagen vor dem Beginn des Konklave zu erwarten, wenn die Kardinäle bereits in Rom versammelt waren und sich in ungezwungener Weise informieren konnten.

Am 11. Oktober hielt Roncalli den Trauergottesdienst für Pius XII. im Markusdom. In seiner Ansprache würdigte er besonders die Verdienste, die sich der Verstorbene um das kirchliche Lehramt erworben hatte. Er gab sich jedoch weder übertriebenem Lob noch allzusehr dem Gefühl hin und war deutlich bemüht – wie übrigens schon bei dem Requiem, das er für Pius XI. in Konstantinopel gelesen hatte –, die Gedanken seiner Zuhörer von der Vergänglichkeit der einzelnen Pontifikate weg auf die größeren Geschicke der Kirche zu lenken. So hielt er es in diesen Tagen auch im mehr privaten Kreis. Eine Delegation von Geistlichen, die ihm zu augenfällig betrübt schien, ermunterte er mit einem Händeklatschen und einer volkstümlichen Redewendung: *Nun ja! Ist ein Papst gestorben, wird ein neuer gemacht!*[219]

Bereits am 12. Oktober, einen Tag nach dem Requiem in San Marco, reiste er nach Rom ab. Dabei traf er seine Vorbereitungen so, daß er nur für einen kurzen Aufenthalt dort gerüstet war. Unter den Papieren, die in Venedig zurückblieben, befanden sich auch die Druckfahnen des letzten Bandes seiner Borromäus-Edition. Im Motorboot, das ihn zum Bahnhof brachte, und auf dem Bahnsteig wünschten die Venezianer ihm Glück bei dem Konklave. *Das größte Glück, das mir widerfahren kann, ist, wenn ich in einigen Wochen zu euch zurückkehren kann,* entgegnete der Patriarch mit einem Lächeln.[220] Er war in Venedig oft mit Sarto verglichen worden, und vermutlich erinnerte er sich jetzt an dessen Abreise zum Konklave vor 55 Jahren. «Eminenz, kehren Sie zurück, verlassen Sie uns nicht», hatte man damals enthusiastisch gerufen, und Sarto hatte geantwortet: «Tot oder lebendig kehre ich zurück.»

Roncalli fuhr durch ein anderes Italien als seinerzeit Sarto. Damals stand alles kirchliche Leben, auch das Leben im Vatikan, im Schatten des Konflikts zwischen Kirche und Staat. Aber nicht nur mit äußeren Gewalten, auch mit dem Zeitgeist selbst schien die Kirche in einem unversöhnlichen Konflikt. Inzwischen hatten zwei Weltkriege alle alten Ordnungen und das Lebensgefühl der Menschen verändert. Auch die Lage der Kirche war anders geworden, so sehr, daß es aus der Perspektive eines einzelnen unmöglich war, Gewinn und Verlust gegeneinander aufzurechnen. Sie hatte Bastionen verloren und andere dafür gewonnen, sie hatte sich ausgebreitet über die Welt, die immer mehr zu einer Einheit wurde, sie mochte jünger und erneuerungsfähiger erscheinen als ein halbes Jahrhundert früher. Das Papsttum hatte neues Ansehen gewonnen. Zugleich war die Welt in einen immer rascheren Veränderungsprozeß getreten, der an Glaubensgewohnheiten und Verhaltensweisen, die Jahrhunderte überdauert hatten, immer rascher zehrte.

In Rom wurde Roncalli auf dem Bahnhof von nicht weniger als zwanzig Klerikern erwartet. Dieses große Aufgebot forderte sogleich seine Spottlust heraus. Man antwortete ihm, er sei Kardinal und Patriarch und würde deshalb mit doppelter Aufmerksamkeit empfangen...[221] Bis zum Beginn des Konklave wohnte er in der Domus Mariae, einem kirchlichen Haus in der Via Aurelia, nahe dem Vatikan. An jedem Vormittag nahm er an den Beratungen der Kardinäle im Konsistoriumssaal teil. An den Nachmittagen besuchte er mit Don Capovilla römische Kirchen, mit denen ihn besondere Erinnerungen verbanden.

Capovilla berichtet, daß Roncalli während dieser Tage immer stärker das Gefühl hatte, von einer Anzahl von Kardinälen mit besonderer Auszeichnung behandelt zu werden. Die Gespräche, die damals geführt wurden, haben seine Stellung offenbar befestigen helfen. Es läßt sich daraus der Schluß ziehen, daß er bei diesen Gesprächen in Rücksicht auf seine künftigen Pläne mit einer beträchtlichen Vorsicht zu Werke gegangen sein muß. Auch die Kardinäle sind später durch eine Reihe von Handlungen des Papstes, wie die Ankündigung des Konzils, völlig überrascht worden. Roncalli hat vor dem Konklave nicht zu erkennen gegeben, wie tiefgreifende Änderungen er unter dem neuen Pontifikat für wünschenswert ansah. Hätte er es getan, so wäre er wahrscheinlich nicht gewählt worden. Die Zurückhaltung, die er übte, entsprach seiner, wo es nötig war, bedächtig abwartenden Natur; sie war Ausdruck der ersten Kardinaltugend (Klugheit). Immerhin wußten die Kardinäle 1958 tatsächlich nicht, wen sie wählten, insofern sie die Spannweite von Roncallis Programm viel zu niedrig veranschlagten.

Andreotti beschreibt in «Meine sieben Päpste» ein Gespräch mit Kardinal Roncalli in der Domus Mariae während der Sedisvakanz. Er gewann den Eindruck, daß Roncalli sicher war, als Papst aus dem Konklave hervorzugehen. In seinem Tagebuch notierte er die folgenden Bemerkungen des Kardinals: *Sie sagen mir nichts über das Gerede in diesen Tagen. Es ist wahr, daß wir alle sagen: Nicht mich, nicht mich! Aber auf einen muß das Zeichen des Heiligen Geistes nun einmal fallen [...]*

[...] ich habe zweimal in diesen Wochen nach den Exerzitien des heiligen Ignatius meditiert. Denn man muß die Füße fest auf der Erde behalten [...]

[...] ich habe eine Glückwunschbotschaft von General de Gaulle erhalten, aber das bedeutet wirklich nicht, daß die französischen Kardinäle auch für mich stimmen. Ich weiß, daß sie Montini wählen wollten, und er wäre sicher sehr gut: aber es ist nicht möglich, die Tradition, einen aus den Reihen der Kardinäle zu wählen, außer acht zu lassen.

[...] vor einigen Tagen besuchte ich Kardinal Costantini, kurz bevor er starb.[222] *Er sagte mir: Diesmal werden wir endlich einen Papst aus dem Orient haben.* (Gemeint ist offensichtlich Kardinal Agagianian.) *Ich habe mich gewundert, daß ein so erfahrener Mann wie er so etwas sagte. Der «Orient» existiert nur in der Vorstellung der Westler. Fragen Sie einen Chinesen, ob er etwas Gemeinsames mit einem Türken oder einem Inder fühlt. Es ist viel einfacher für einen Italiener oder für einen anderen Europäer, Frieden unter Libanesen und Ägyptern zu stiften als für einen sogenannten Orientalen [...]*[223]

An Mgr. Piazzi, Bischof von Bergamo, schrieb Kardinal Roncalli am 17. Oktober aus der Domus Mariae: *Ob der neue Papst ein Bergamasker sei oder nicht, an dem liegt wenig.*[224] Am selben Tag teilte er dem Rektor des Seminars von Venedig mit: *Für seinen* (Pius' XII.) *Nachfolger, wer immer er sei, müssen wir beten, daß er uns nicht eine Lösung bringe, die nur Fortdauer bedeutet, sondern einen Fortschritt, welcher der ewigen Jugend der Kirche entspricht [...]*[225]

Am Tag vor dem Beginn des Konklave besuchte Kardinal Roncalli die Kirche Santa Maria in Vallicella, wo er am Grab des Caesar Baronius betete. Seine Gedanken werden zurückgekehrt sein zu den beiden Konklaven von 1605, in denen Baronius zum Papst gewählt werden sollte.

Roncalli hatte in seinem Vortrag über Baronius mit großer Deutlichkeit darüber berichtet: *Während des Konklaves, das für Clemens VIII. einen Nachfolger bestimmen sollte, verhinderte es das Veto Spaniens, daß genügend Wählerstimmen auf Baronius entfielen; es fehlten indes wenige. Nach 27 Tagen – so lange regierte der Kardinal von Florenz, Alessandro Ottaviano de' Medici, der sich Leo XI. nannte [...] – kam es zu Schlimmerem. Das Heilige Kollegium, das von neuem zusammengekommen war, hatte sich in mehrere Parteien gespalten. Nach langen, oft verworrenen Auseinandersetzungen drohten die Ansichten sich auf den Kardinal Tosco zu vereinigen, einen Lombarden, der nach der Meinung einer menschlichen Politik als der Mann des Augenblicks erscheinen mochte, es aber keineswegs war und es auch für keinen anderen Zeitpunkt sein konnte, denn, wie eine Urkunde jener Zeit berichtet, «er führte kein allzu vorbildliches Leben, war zornmütig und neigte dazu, wenig ehrbare Worte zu brauchen; und er hatte andere Gewohnheiten, die sich nicht bloß für das Haupt der Heiligen Kirche, sondern auch für jedwelche andere Person sogar mittleren Standes nicht ziemten». Die Dinge waren so weit gediehen, daß die Konklavisten und Diener nach damaligem Brauch schon die Zelle Toscos geplündert hatten, und die Kardinäle bereits für die Huldigung zu ihm unterwegs waren. Aber da «trat der große Baronius vor»*, so schreibt Kardinal de Joyeuse, ein Augenzeuge, *«[...] der schon stets bei Aldobrandino beteuert hatte, er werde nur als letzter zur Huldigung dieses Subjekts hintreten, sprach klar zu dieser so großen und verstörten Schar – si grande et si confusa turba (so heißt es wörtlich) –: er wolle, daß die Nachwelt die Worte erfahre, die er nun zu sagen beabsichtige, und indem er die Stelle aus dem Psalm anführte: scribantur haec in generatione altera, sagte er, derjenige, dem zu huldigen sie im Begriff stünden, sei eines solchen Amtes nicht würdig, und dies zu tun, heiße der Kirche eine große Wunde zufügen wollen; was ihn betreffe, so werde er es nicht zum Schisma treiben, aber nur als letzter werde er zur Huldigung gehen. [...] Das Ergebnis war, daß, durch die große Unerschrockenheit aus der Fassung gebracht, die Geister sich schieden [...] Montalto sagte: «Und warum machen wir denn nicht diesen heiligen Mann zum Papst? Wählen wir ihn.» So wiederholten sich die wenig erbaulichen Szenen, so wenig erbaulich, daß das ganze Konklave «von dem Schreien nach Baronius nach Tosco widerhallte, viele Kardinäle sich gegenseitig mit Gewalt packten und hier für Baronius, dort für Tosco hinzogen; und es gab so dreiste Konklavisten, daß sie begannen, die Kardinäle an ihren Chorhemden und ihren Armen herumzuzerren: die einen für Baronius und die andern für Tosco.» [...] Doch mehr als von allem übrigen waren die Kardinäle von den jammervollen Beteuerungen ihres Kollegen erschüttert, der voll Schrecken über die schwere Gefahr einer Wahl allen erdenklichen Widerstand leistete, sich sogar «mit Händen und Füßen an den Säulen festklammerte und schrie: ‹Ich will nicht Papst werden, macht einen andern zum Papst, der des Heiligen Stuhles würdig ist.›» So sind sie immer diese großen Charaktere! Sie sehen nur die Sache der Gerechtigkeit vor sich [...] So wurde also Baronius auch diesmal nicht zum Papst gewählt; aber auch von jenem unseligen Tosco war nicht mehr die*

Rede; die Stimmzettel vereinigten sich auf die Person des jungen Kardinals Borghese, dessen Namen wir heute noch auf dem mittleren Giebelfenster der von ihm vollendeten vatikanischen Basilika lesen: *Paulus Burghesius Romanus.*[226]

Als einer der ersten Kardinäle betrat Roncalli am Nachmittag des 25. Oktober, gefolgt von zwei «Konklavisten», dem Sekretär Capovilla und dem Diener Gusso, den Konklavebereich und wurde in Zelle 15, dem Büro des Kommandanten der Nobelgarde, untergebracht. In der Sixtinischen Kapelle war sein Platz rechts vom Eingang zwischen den Kardinälen Valeri und Cigognani.

Ungeachtet der Geheimhaltung ist über das Konklave von 1958 – wie über viele andere – verschiedenes durchgesickert. Nach der Darstellung Pallenbergs bildeten die Kardinäle im wesentlichen drei Gruppen. Zu den «Konservativen» zählten 26 Kardinäle, geführt von Pizzardo und Ottaviani. Achtzehn Kardinäle zählten zu den «Fortschrittlichen», unter ihnen die sechs Franzosen. Schließlich gab es eine «Mitte» von nur sieben Kardinälen, darunter Roncalli.

Am Sonntag, dem 26. Oktober, wurden die ersten vier Wahlgänge abgehalten. Obwohl sie sämtlich vergeblich blieben, hatte ein Kandidat – Masella – dabei zahlreiche Stimmen gewinnen können und schien so gut wie gewählt. Masella gehörte zur Mitte, genoß jedoch die Unterstützung der Konservativen. An der fortdauernden Ablehnung der Fortschrittlichen scheiterte er am folgenden Tag. Daraufhin machte der rechte Flügel den erst 52 Jahre alten Erzbischof von Genua, Siri, zu seinem Favoriten, die Fortschrittlichen aber stimmten für den Armenier Agagianian, der seit Jahren an der Kurie lebte. Beide Kandidaten entsprachen eher einem Verteidigungsdenken der streitenden Parteien, es bestand keine wirkliche Aussicht, sie durchzusetzen. Am Dienstag war wiederum deutlich geworden, daß nur einer der gemäßigten Kardinäle Aussicht auf Erfolg hatte, und die Linken und die Mitte taten sich zusammen, um Roncalli zu favorisieren. Für ihn ergab sich bald ein immer stärker werdender Trend auch von rechts, und beim dritten Wahlgang des Dienstags erreichte er eine Mehrheit, die beträchtlich über der vorgeschriebenen lag.

Mag diese Darstellung nun zutreffen oder nicht, die elf Wahlgänge beweisen, daß die Entscheidung nicht leichtfiel. Pacelli ist im dritten, Montini im fünften Wahlgang gewählt worden.

Nach der entscheidenden Abstimmung wurden Mgr. di Jorio, der Sekretär des Konklaves, und Mgr. Dante, der Präfekt der päpstlichen Zeremonienmeister, als Zeugen herbeigerufen. Der älteste der Kardinal-Bischöfe, Tisserant, der älteste der Kardinal-Priester, von Roey, und der älteste der Kardinal-Diakone, Canali, gingen nun zu dem Platz, wo Roncalli schweigend und mit gebeugtem Haupt saß.

«Nimmst du», so fragte ihn nun Kardinal Tisserant in lateinischer Sprache, «deine nach kanonischem Recht gesetzliche Wahl zum Obersten Pontifex an?»

Indem ich Deine Stimme höre, erfaßt mich ein Zittern, und ich fürchte mich! Roncallis erste Erwiderung war ein Bibelzitat. Nach einem Augenblick fuhr er fort: *Das Bewußtsein meiner eigenen armseligen Unwürdigkeit erfüllt mich mit Verwirrung. Aber da ich in der Wahlentscheidung meiner Brüder, der Hochwürdigsten Kardinäle unsrer Heiligen Römischen Kirche, ein Zeichen für den Willen Gottes erkenne, nehme ich die von ihnen ausgesprochene Wahl an. Ich neige mein Haupt vor dem Kelch der Bitternis und beuge meinen Nacken unter das Joch des Kreuzes; wie wir alle am Dreikönigstag gesungen haben: «Der Herr ist unser Richter, der Herr ist unser Gesetzgeber, der Herr ist unser König. Er wird uns erretten.»*[227]

Roncalli hatte die Wahl angenommen. Er war von diesem Augenblick an der rechtmäßige Papst.

Kardinal Tisserant fragte weiter: «Quo nomine vis vocari?» (Welchen Namen willst du tragen?)

Roncalli kniete nieder und betete. Nach einer Weile erhob er sich, zog ein Papier hervor und erklärte:

Ehrwürdige Brüder, ich werde mich Johannes nennen. Dieser Name ist mir besonders lieb, weil er der Name meines Vaters war. Er ist mir auch deshalb so vertraut, weil Johannes der Patron der kleinen Pfarrei ist, in der wir die Taufe empfangen haben. Es ist der hehre Name zahlloser Kathedralen überall in der Welt, vor allem ist er der geheiligte Name der Lateran-Basilika, Unserer Kathedrale.

Es ist der Name, der in der langen Reihe der römischen Bischöfe am meisten vorkommt. In der Tat kennt man 22 Päpste mit dem Namen Johannes – wobei wir die Frage der Rechtmäßigkeit außer acht lassen. Fast alle hatten nur ein sehr kurzes Pontifikat. [...]

Dann ist da der heilige Evangelist Markus, Ruhm und Schützer Unseres geliebten Volkes von Venedig, den der Apostelfürst Petrus und der erste Bischof der römischen Kirche wie seinen Sohn liebte. Wurde nicht auch er Johannes genannt?

Aber wir lieben auch den Namen Johannes, der der ganzen Kirche so teuer ist, besonders wegen der Männer, die unserem Herrn Jesus Christus so nahestanden [...] Der Vorläufer unseres Herrn – «er war nicht das Licht, aber er war der Zeuge des Lichtes», war Zeuge der Wahrheit, der Gerechtigkeit, der Freiheit, in der Vorausschau, in der Bußtaufe und im Vergießen seines Blutes. Der andere Johannes, der Jünger und Evangelist, der von unserem Herrn besonders geliebt wurde und von seiner Mutter – der beim letzten Abendmahl an der Brust des Herrn ruhte und der daraus die Liebe schöpfte; der bis in sein hohes Alter hinein eine lebendige und apostolische Flamme war. Gebe Gott, daß beide Johannes in die Kirche hineinrufen durch Unseren demütigen Hirtendienst [...][228]

Die Namenswahl des neuen Papstes war weitaus kühner und ungewöhnlicher, als es diese vorbereitete Erklärung – die sich freilich in den ersten Sätzen, entgegen dem Protokoll, der Ichform bediente – erkennen ließ. Der Papst hatte bereits mit seinem ersten Willensakt zu verstehen gegeben, daß er sich nicht auf die von seinen unmittelbaren Vorgängern eingeschlagenen Wege beschränken würde.

Gleich darauf gab es eine weitere Überraschung, der freilich mehr psychologische Bedeutung zukam. Nach der Ansprache des Neugewählten näherte sich Mgr. di Jorio mit dem weißen Zuchetto, dem päpstlichen Käppchen. Da nahm Johannes sein rotes Kardinalskäppchen und setzte es di Jorio auf. Das bedeutete, daß er ihn beim nächsten Konsistorium zum Kardinal erheben würde. Er folgte einem alten Brauch, den aber seine unmittelbaren Vorgänger nicht mehr geübt hatten.[229] Für ihn war es die erste Gelegenheit, zu handeln, die er sofort ergriff. Übrigens hatte di Jorio bei Pius XII. nicht in Gunst gestanden. Um so mehr war beachtet worden, daß man ihn zum Sekretär des Konklave bestimmt hatte.[230] Nun faßte er sich zweifelnd an den Kopf. *Ja,* sagte Papst Johannes, *ich meine es wirklich so. Du hast mein Käppchen auf.*[231] Der Gnadenbeweis des neuen Papstes für di Jorio war nur eine Episode, aber sie zeigte, wie die Wahl des Namens, daß der Gewählte ältere Traditionen und Formen in seinem Bewußtsein trug, auf die er sicher zurückgriff.

Schließlich gab es noch eine wirkliche Neuerung. Obwohl die Wahl beendet war, hob Johannes das Konklave nicht auf, sondern behielt die Kardinäle bis zum nächsten Morgen zur Beratung zurück. Das führte zu einem tragikomischen Nachspiel. Eine Anzahl von Klerikern, unter ihnen Tardini, die den weißen Rauch gesehen hatten, der die erfolgreiche Wahl anzeigte, drang, in der Meinung, das Konklave sei beendet, durch die nicht mehr verschlossene Tür, um dem neuen Pontifex zu huldigen. Tisserant stellte sich ihnen zornig entgegen und erklärte – aber das wußten sie selbst, als sie ihres Irrtums innegeworden waren –, sie seien ipso facto exkommuniziert. Als man den Papst darüber informierte, entschied er freundlich: *Nun, dann werden wir unseren neuen Einfluß ausüben müssen, um die Unglücklichen zu absolvieren.*[232]

Wenig mehr als drei Wochen eines römischen Herbstes umschlossen Sterben und Tod des alten Papstes, des «pastor angelicus», Sedisvakanz und Konklave, aus dem der neue Papst mit dem Vaticinium «pastor et nauta» (Hirt und Schiffer) hervorging. Welche Motive die Kardinäle bei der Wahl Roncallis im einzelnen bestimmt haben mögen, ihre Entscheidung war Ausdruck sensiblen Gespürs für die Erwartungen der Zeit. Der optimistischen Mentalität des neuen Papstes korrespondierte eine Aufbruchstimmung, die weit verbreitet war und auf befreiende Taten wartete. In der Sowjet-Union war aus dem Machtkampf um die Nachfolge Stalins Nikita Chrutschtschow als Sieger hervorgegangen. Ungeachtet aller Krisen, die die Erschütterungen im Verhältnis der Machtblöcke mit sich brachten – die Veränderung wurde als Zeichen einer neuen Zeit erfahren. In der westlichen Welt – in Amerika freilich weniger als in Europa – wurde der 1960 gewählte amerikanische Präsident Kennedy zu einer Symbolfigur des Vertrauens und des Mutes. Die Vergangenheit verlor an Kraft. Die Zukunft schien formbar.

Der Pontifikat

Der neue Papst bestimmte den Festtag des hl. Carlo Borromeo, den 4. November, zum Tag seiner Krönung. Bedenken der Kurie, der Zeitraum für die komplizierten Vorbereitungen sei zu kurz, schob er, ähnlich wie bei späteren Anlässen, beiseite. Zum letztenmal entfaltete sich während fünf Stunden der volle Glanz dieses Festes. Breza hat es in «Das eherne Tor» fasziniert beschrieben, nicht ohne ein Zitat aus Emerson hinzuzufügen: «Die Religion einer Epoche ist Poesie für die folgende.»[233] Paul VI. verfügte 1963 eine vereinfachte Zeremonie und legte später die Tiara ab. Johannes Paul I. verzichtete auf die Krönung.

Johannes XXIII. wünschte die großen Formen der Tradition unverkürzt. Immerhin sorgte auch er für eine Überraschung. Vor der Opferung unterbrach er entgegen allem Herkommen die Krönungsmesse und hielt eine Homilie, der er einen Vers aus dem 10. Kapitel des Johannes-Evangeliums zugrunde legte. *Der neue Papst,* führte er aus, *stellt in sich vor allem jenes wunderbare Bild des Evangeliums dar, das der Evangelist selber vom Guten Hirten gibt. [...] Wir möchten ganz ausdrücklich betonen, daß Uns das Amt des Hirten über die ganze Herde besonders am Herzen liegt. Alle anderen menschlichen Qualitäten – Wissen, Geschicklichkeit, diplomatischer Takt, organisatorische Fähigkeiten – können das Hirtenamt ergänzen, es aber niemals ersetzen. [...] Der Hirt geht vor den Schafen her, und sie folgen ihm alle. [...] Doch er ist berufen, noch weiter zu blicken:* «*Ich habe noch andere Schafe, die nicht aus diesem Schafstall sind, und ich werde sie herbeiführen; sie werden meine Stimme hören, und es wird ein Schafstall und ein Hirt sein.*»[234]

Diese Homilie war programmatisch. Zwar entsprach sie durchaus den Erwartungen, die in der Zeit der Sedisvakanz, als die Kritik an Pius XII. immer stärker aufflammte, in bezug auf den neuen Papst in der Öffentlichkeit geäußert worden waren; auch der von Mgr. Bacci den Kardinälen vorgetragenen «Oratio de eligendo Pontifice»[235]. Aber die unkonventionelle Form der Äußerung und die Entschiedenheit des Tones machten doch sehr deutlich, daß hier kein «Übergangspapst» sprach, mochte auch das Gesagte in seiner Bedeutung noch nicht voll erkennbar sein.[236]

Um so deutlicher wurde, buchstäblich vom ersten Tag an, das gegenüber der streng hierarchischen Haltung Pius' XII. vollständig andere Auftreten des neuen Papstes, das, was man mit literarischer Anspielung Roncallis «dolce stil nuovo» genannt hat. Verbunden mit dieser, immer ge-

messen an dem Vorgänger, zwangloseren Form seiner Amtsführung war die von Anfang an erkennbare Bereitschaft Johannes' XXIII., Verantwortung zu delegieren. Daher bestanden seine ersten wichtigen Initiativen darin – wie das auch von ihm erwartet wurde –, Funktionen und Selbständigkeit der Kurie wieder zu beleben. Die unter Pius XII. vakant gebliebenen Stellen besetzte er neu, vor allem die des Staatssekretärs, zu dem er den langjährigen engen Mitarbeiter seines Vorgängers, Mgr. Tardini, ernannte, der viele Jahre praktisch sein Vorgesetzter gewesen war.[237] Kaum einen Monat nach seiner Wahl ernannte er 23 neue Kardinäle, darunter viele Kurienprälaten, und überschritt bereits mit diesem ersten Konsistorium die seit Jahrhunderten gültige Begrenzung (aufgestellt von Sixtus V.) der Zahl der Purpurträger auf 70 (in Parallele zu den 70 Ältesten des Moses). Andere, rasch aufeinanderfolgende Konsistorien erhöhten in den folgenden Jahren die Zahl der Kardinäle, trotz der zahlreichen Todesfälle, weiter.

In nicht seltenen Fällen erhob Johannes XXIII. dabei Prälaten in einflußreiche Positionen, von denen er wissen mußte, daß sie den Plänen, die er in seinem Pontifikat zu verwirklichen suchte, keine aktive Unterstützung zollen würden. Er hat die sich daraus ergebenden Hemmnisse und sogar scheinbare Widersprüche in seiner eigenen Haltung nicht nur in

Die Krönung im Petersdom

Kauf genommen und für unvermeidlich angesehen, sondern in gewisser Weise bejaht. Er war, wie er gelegentlich zu scherzen pflegte, *der Papst derer, die Gas geben, und derer, die aufs Bremspedal treten.* Universale Kompetenz beanspruchte er nicht. (Es wird ihm sogar das Wort in den Mund gelegt: *Ich werde niemals ex cathedra sprechen.*[238]) Die großen Intentionen, die er verfolgte, konnten nur mit Hilfe vieler verwirklicht werden und empfingen auch durch diese vielen erst ihre konkrete Prägung. In seinen Entscheidungen ging der Papst über alle taktischen Erwägungen weit hinaus. Gerade in wichtigen Fragen verzichtete er bisweilen offenbar bewußt auf eigene entschiedene Führung und ließ die Zeit ihr Werk tun. Wenn es ihm auf etwas wirklich ankam, war er jedoch unerschütterlich. Die Kurie bekam er niemals ganz in die Hand, wollte es wohl auch gar nicht; maßgebliche Initiativen entwickelte er unabhängig von ihr.

Als folgenreich für die Zukunft erwiesen sich Beschlüsse über personelle Veränderungen im Episkopat von Venetien, wo vor allem an seiner Stelle ein neuer Patriarch zu ernennen war. *Urbani soll nach Venedig gehen,* sagte der Papst zu Mgr. Bortignon, Bischof von Padua; *nach Verona schicken wir Carraro; Sie bleiben in Padua, und dann muß man uns noch einen guten Priester aus Padua nennen, den wir nach Vittorio Veneto schicken.*[239] Bortignon dankte für die Padua erwiesene Ehre, schlug aber

Unter Blumen verborgen: Kardinal Masella überreicht dem neuen Papst den Schlüssel der Lateran-Basilika, der Bischofskirche von Rom

den Generalvikar von Belluno, Luciani, vor. Der Papst stimmte zu und weihte Luciani am 27. Dezember 1958 selbst zum Bischof. Dieser wurde 1969 Roncallis zweiter Nachfolger als Patriarch von Venedig und – niemand hätte das 1958 annehmen können – 1978, nach einem der kürzesten Konklaven der Papstgeschichte, als Johannes Paul I. dessen zweiter Nachfolger im Vatikan. Luciani war der dritte Papst aus Venedig in einem Jahrhundert. Er starb nach einem nur 33 Tage währenden Pontifikat, in dem er sich demütig und volksnah zeigte wie Sarto und Roncalli, unter der institutionalisierten Einsamkeit seines Amtes aber bald sichtbar litt.

Bereits Pius XII. hat 1948 ein zweites vatikanisches Konzil erwogen, als dessen Aufgaben er die Definition der leiblichen Aufnahme Mariens in den Himmel und die Verurteilung zeitgenössischer Irrtümer ansah. Er ließ die Idee fallen, obwohl oder vielmehr weil die Resonanz bei den Bischöfen, die er konsultierte, stark war: sie hatten viele Anregungen für die Tagesordnung geäußert. Im Konklave 1958 will Ottaviani im Beisein Ruffinis Roncalli die Nützlichkeit eines Konzils in einem Gespräch vor Augen gestellt haben. «Kardinal Roncalli machte diese Idee zu seinigen, und man hörte ihn später sagen: ‹Ich dachte an ein Konzil seit dem Augenblick, als ich Papst wurde.› Die Wahrheit dieser Sache ist, daß er unsere Anregung annahm [...]»[240] Wenn das Gespräch in der geschilderten Weise stattgefunden hat, so haben Ottaviani und Ruffini, wie ihr späteres Verhalten beweist, ein Konzil im Geiste Pius' XII. gemeint; Hebblethwaite hat die gegen die «Unglücksprotheten» gerichteten Worte des Papstes in seiner eingangs zitierten Eröffnungsansprache als indirekte, aber gezielte Absage an eine solche Möglichkeit aufgefaßt.[241] Der Gedanke an ein Konzil lag für Roncalli, der sich so lange und gründlich mit der Geschichte der alten Konzile und der mittelalterlichen Reformkonzile befaßt hatte, als er Papst geworden war, nicht mehr fern. Capovilla hat erklärt, daß Johannes XXIII. bereits zwei Tage nach seiner Wahl zum erstenmal von der Notwendigkeit eines Konzils gesprochen habe.[242] Eine weitere, diesmal dokumentierte Erwähnung des Konzilsgedankens stammt vom 2. November 1958.

Dazu stehen die eigenen Äußerungen des Papstes in einem gewissen Widerspruch. In einer Ansprache vor venezianischen Pilgern hat er 1962 von der Geburtsstunde seiner Konzilsidee berichtet. Er erzählte von Überlegungen, die ihn in den letzten Monaten des Jahres 1958 beschäftigt hätten: *In einem privaten Gespräch mit dem damaligen Staatssekretär Kardinal Tardini waren wir darüber einig, daß auf der ganzen weiten Welt Sorge und Angst lasten. Was soll die Kirche angesichts dieser Lage tun? Soll das mystische Schiff Christi ein Spielball der Wellen bleiben und sich von der Strömung treiben lassen? Gewiß nicht. Im Gegenteil, hat die Welt nicht ein Recht darauf, von der Kirche nicht nur einige Ermahnungen, sondern auch die Erleuchtung eines großen Beispiels zu erwarten? Welche Form sollte diese Erleuchtung annehmen? Der Kardinal wartete geduldig und ehrfürchtig auf unsere Antwort, sofern überhaupt eine gegeben werden sollte. Plötzlich leuchtete in unserem Geist eine große Idee auf, die wir uns mit unsagbarem Vertrauen auf den göttlichen Meister unmittelbar zu eigen machten. Ein einziges, feierliches und verpflichtendes Wort kam über unsere Lippen, ein Wort, das wir damals zum erstenmal ausgesprochen haben: ein Konzil.*[243]

Was das Datum dieses Gesprächs anbetrifft, so handelt es sich um einen unbedeutenden Erinnerungsfehler des alten Papstes, den er durch eine Eintragung im *Geistlichen Tagebuch* selbst korrigiert hat: *Ohne zuvor daran gedacht zu haben, habe ich in einem ersten Gespräch mit meinem Staatssekretär am 20. Januar 1959* [!] *die Worte: Ökumenisches Konzil, Diözesansynode und Neufassung des kirchlichen Gesetzbuches ausge-*

In Castel Gandolfo

sprochen, ohne je zuvor daran gedacht zu haben und entgegen allen meinen Ahnungen und Vorstellungen über diesen Punkt. Der erste, der von diesem meinem Vorschlag überrascht wurde, war ich selbst, denn niemals hatte mir jemand einen Hinweis dazu gegeben.[244] Das hier genannte Datum ist richtig: Tardini hat von dem Gespräch eine Notiz für das Staatssekretariat angefertigt.[245] Der Papst, so hält er fest, habe am Vortag, also am 19. Januar, im Torre di San Giovanni meditiert und habe die Absicht, sein Vorhaben am folgenden Sonntag (25. Januar) öffentlich bekanntzugeben.

Nimmt man alle Daten zusammen, so erweist sich: der Konzilsplan war keine plötzliche Eingebung. Der öffentlichen Verlautbarung ist selbstverständlich eine Phase der Überlegung und Prüfung vorangegangen. Als Johannes XXIII. mit Tardini sprach, kannte er auch bereits das Dossier über das von seinem Vorgänger fallengelassene Projekt von 1948. Die

scheinbare oder wirkliche Selbsttäuschung Roncallis steht jedoch nicht im Widerspruch zur inneren Wahrheit des Geschehens. Offensichtlich stand er seit seiner Wahl – seine äußere Gelassenheit kann darüber nicht hinwegtäuschen – unter dem Eindruck einer überwältigenden Erfahrung. Der seither verstrichene Zeitraum war für die Wahrnehmung eines Siebenundsiebzigjährigen tatsächlich kurz. Ein intensives Gebetsleben erfüllte die Seele des Papstes, der sich mit seinem großen Plan, den er als die eigentliche Aufgabe seines Pontifikats verstand, vollständig identifizierte. Nicht Menschen-, sondern Gotteswerk war das Konzil und sollte es sein.

Andreotti berichtet in «Meine sieben Päpste» von einer privaten Audienz bei Johannes XXIII. am 22. Januar 1959, bei der auch die Familie des Ministers anwesend war. «Er legte uns drei Tage Schweigen auf und erklärte, er werde am 25. Januar in der Basilika Sankt Paul die Einberufung des Zweiten Vatikanischen Konzils ankündigen. Bischöfe aus aller Welt hätten bereits Pius XII. ihrer Zustimmung versichert, und mit zwei oder drei Jahren Vorbereitung würde man zu brauchbaren Dekreten kommen können. Die Zeit sei Tardini zu kurz erschienen. Diesem, erzählte der Papst, habe er das Sekretariat des Konzils angetragen. Aber wenn man sich den Achtzigern nähere, könne man sich nicht in zu lange Fristen fügen. Er wünschte, daß alle für den Erfolg des Konzils beteten. Denn er vertraue mehr auf die Hilfe Gottes als auf die Spitzfindigkeiten der Theologen.»[246]

Wie der Papst es Tardini und Andreotti gesagt hatte, erfolgte die erste Ankündigung des Konzils am 25. Januar, an einem sehr kalten Tag, in der Benediktinerabtei St. Paul vor den Mauern, nach der Meßfeier von Pauli Bekehrung und zum Abschluß der Weltgebetsoktav für die Wiedervereinigung im Glauben. Die aus diesem Anlaß versammelten Kardinäle lauschten der für die Mehrzahl von ihnen völlig überraschenden Ansprache des Papstes mit ungläubigem Staunen. Ilsemarie Gallizia-Faßbinder hat die Szene so beschrieben: «Die siebzehn Kardinäle [...] umstanden und umsaßen [...] den Papst [...] im Wohnzimmer des Abtes. Ein Bruder hatte gerade Fleischbrühe geschöpft; der Papst hatte um diese kleine Stärkung gebeten. Er hielt die Hände um die warme Tasse und blickte den Abt, die Söhne des von ihm so sehr geliebten Ordens, die Kardinäle an. Als die Tassen abgetragen wurden, war man entspannt und wieder warm geworden. Da begann der Papst Worte zu sprechen, die für das Leben der Kirche in der Zukunft entscheidend wurden [...]»[247] Der «Osservatore Romano» berichtete: «Vor diesem improvisierten Geheimen Konsistorium verlas er einen lateinischen Text, in dem er seinen Willen kundgab, ein Ökumenisches Konzil einzuberufen.»[248] Dieser lateinische Text ist nicht öffentlich bekanntgegeben worden. Später veröffentlichten die «Acta Apostolicae Sedis» einen italienischen Wortlaut. In der Übersetzung der «Herder-Korrespondenz» lauten die entscheidenden Sätze: *Ehrwürdige Brüder und geliebte Söhne! Gewiß ein wenig zitternd vor Bewegung, aber zugleich mit demütiger Entschlossenheit im festen Vorsatz sprechen Wir vor euch den Namen und das Vorhaben einer doppelten feierlichen Veranstaltung aus: einer Diözesansynode der Stadt Rom und eines Ökumenischen Konzils für die Gesamtkirche.* [...][249]

Die Kardinäle schwiegen.

Entsprechend der Ankündigung der Krönungshomilie ließ sich Johannes XXIII. als Bischof seiner Diözese und bei der Ausübung des Lehramts vorwiegend von pastoralen Intentionen leiten. Er führte in Rom die Fronleichnamsprozession und die Stationsgottesdienste für die Fastenzeit wieder ein, beteiligte sich selbst daran, mit der Gemeinde singend und betend, vollzog am Gründonnerstag selbst öffentlich die Fußwaschung, erschien am Karfreitag zur Kreuzverehrung und weihte in der Osternacht in der Lateran-Basilika selbst das Taufwasser. Wie seine Vorgänger empfing er die Pilger im Vatikan, verließ diesen aber auch oft, um Pfarreien zu besuchen, ferner Krankenhäuser, Gefängnisse und Seminare.[250]

Fronleichnamsprozession in Rom

Von seinen ersten päpstlichen Verlautbarungen an wendete er sich nicht nur an die Katholiken, sondern auch an die Gläubigen der anderen christlichen Bekenntnisse und betonte seinen Wunsch nach Wiedererlangung der kirchlichen Einheit. Wenn er sich in seinen Äußerungen auch an die Lehre und die von seinen Vorgängern eingenommene Haltung gebunden zeigt, so verdankt ihm das ökumenische Bewußtsein in der römisch-katholischen Kirche doch entscheidende Impulse, und die Tragweite seines Vorgehens ist gerade unter diesem Aspekt abschließend wohl noch gar nicht zu übersehen. Das Konzil, wie er es sah, sollte dazu dienen, die

Der Papst in seinem Arbeitszimmer

Kirche derart zu erneuern, daß die immer wiederholte Einladung an die geteilte Christenheit, in das Vaterhaus zurückzukehren, reale Bedeutung haben konnte.

Gemessen an der großen Bedeutung der Mariologie unter Pius XII. und wieder unter dem gegenwärtigen Papst, Johannes Paul II., trat sie unter Johannes XXIII. zurück, obwohl sie in seiner persönlichen Frömmigkeit keine geringe Rolle spielte.[251] Offensichtlich war er von dem Bestreben geleitet, nichts zu tun, was ökumenisch Anstoß geben konnte. Innerkirchlich war er weniger erfolgreich bei der Berücksichtigung der Erfordernisse seiner Zeit durch eine Reihe von Lehräußerungen, die seinen Namen tragen und die Verwunderung modern gebildeter Bischöfe und Theologen auslösten. Dazu rechnet Schwaiger die Apostolische Konstitution *Veterum Sapientia,* die zum Gebrauch des Latein als der «unveränderlichen Sprache» der Kirche strengere Verpflichtungen aufstellte als jede frühere päpstliche Äußerung zu diesem Thema (22. Februar 1962), die Monita des Heiligen Offiziums zur Vorsicht an die Exegeten des Neuen Testaments (20. Juni 1961) und gegen die Gefahren der theologischen Auslegung des Werkes von Teilhard de Chardin (30. Juni 1962); auch die Entscheidung des Heiligen Offiziums gegen die Tätigkeit der Arbeiterpriester – ungeachtet aller Vorstellungen Kardinal Feltins – (3. Juli 1959) ist hier zu nennen.

Anderes, was Verwunderung auslöste, blieb eher marginal, so die Entscheidung des Papstes, den Namen des hl. Joseph in den Kanon der Messe aufzunehmen – zu deren Vorgeschichte Rynne eine die Vornehmheit des Papstes höchst ehrende Erzählung gibt.[252] Eine andere, überfällige Änderung der liturgischen Texte, die auf ihn zurückgeht, fand allgemeine Zustimmung: getilgt wurde, was Juden und Muslim als verletzend empfinden konnten, so das Wort «perfid» im Gebet für die Juden («pro perfidis judaeis») in der Karfreitagsliturgie.

Johannes XXIII. veröffentlichte acht Enzykliken: *Ad Petri Cathedram* (29. September 1959) wiederholte die Ankündigung des Konzils und die Einladung an die nichtkatholischen Christen, erscheint aber betont hier-

Handschriftliche Aufzeichnungen des Papstes

archisch-petrinisch geprägt; *Sacerdotii Nostri primordia* (1. August 1959), aus Anlaß des 100. Todestages von Johannes M. Vianney, des heiligen Pfarrers von Ars, ist vor allem an die Priester gerichtet; *Grata recordatio* (26. September 1959) empfiehlt das Rosenkranzgebet und erinnert an Leo XIII.; *Princeps Pastorum* (28. November 1959), eine Missions-Enzyklika, behandelt die Probleme eines einheimischen Klerus und des Laienapostolats in den Missionsländern unter Berufung auf Benedikt XV. und im Rückblick auf eigene Erfahrungen bei der Arbeit im Dienst dieses Papstes; *Mater et Magistra* (15. Mai 1961), das bedeutendste unter den bis dahin erschienenen Lehrschreiben, 70 Jahre nach Leos XIII. großer Sozialenzyklika und 30 Jahre nach der Enzyklika «Quadragesimo anno» Pius' XI. (1931), eine Weiterführung der katholischen Soziallehre vor allem unter praktischen Gesichtspunkten; *Aeterna Dei Sapientia* (11. November 1961), ein erneuter Appell für die Einheit der Christen, anknüpfend an den 1500. Todestag Leos I.; *Paenitentiam agere* (1. Juli 1962), ein Aufruf zur Buße in Vorbereitung auf das Konzil, schließlich die Friedens-Enzyklika *Pacem in Terris* (11. April 1963).

Glücklos war Johannes XXIII. in der Durchführung der Römischen Diözesansynode (24.–31. Januar 1960). Die Idee zu dieser Versammlung ging möglicherweise auf Tardini zurück, der dadurch – wie man vermutet hat – den Papst von seinem Konzilsplan ablenken wollte. Johannes XXIII. stimmte zu und setzte gegen die List seines Staatssekretärs die eigene. Die Synode mochte stattfinden, aber möglichst zügig abgewickelt werden, damit der Zeitplan für das Konzil keine Verzögerung erlitte. Was dabei herauskam war freilich ein zentral vorbereitetes, streng gesteuertes Treffen, das gerade das nicht war, was es zu sein vorgab, eine Synode. Der römische Klerus wurde mit einer Fülle von – teilweise antiquierten – Vorschriften eingedeckt. Solange das alles auf Rom beschränkt blieb, mochte man der Sache wenig Bedeutung beimessen. Es entstand jedoch die Befürchtung, für das Konzil sei ein ähnlicher Verlauf geplant. Wie der Papst selbst die Auswirkungen der Synode beurteilt hat, läßt sich schwer beurteilen. Er scheint das Echo in weiten Teilen der Kirche nicht gekannt zu haben, sonst hätte er Erzbischof Fisher von Canterbury bei dessen Besuch im Vatikan, November 1960, wohl kaum ein Exemplar der soeben in Buchform erschienenen Synodendekrete überreicht.[253] Was Johannes XXIII. nach einer seiner lateinischen Ansprachen selbstkritisch einräumte: *Heute haben wir eine schlechte Figur gemacht*[254] – nach der römischen Synode hätte er es ebenfalls sagen können, wenn auch Vorbereitung und Durchführung mutmaßlich nicht von ihm selbst gelenkt wurden.

Der Wille des Papstes zielte zäh auf das Konzil: *Il concilio si deve fare malgrado la curia!*[255] (Das Konzil muß trotz der Kurie stattfinden!) Wiederholt drängte er, wenn man ihm die Verschiebung von Terminen vorschlug, statt dessen auf deren Vorverlegung. Am 11. Oktober 1962 war es soweit: das Bronzetor öffnete sich für das Schauspiel, das der Messe im Petersdom vorausging: alle Konzilsväter – ausgenommen jene, die durch hohes Alter gehindert waren – zogen von den Sälen des Apostolischen

Palastes die Scala Regia hinab über den Petersplatz in die Basilika. Ab und zu glänzte die goldene Krone eines orthodoxen Bischofs in dem wallenden Meer der lateinischen Väter, die weiße Mitren und Rauchmäntel trugen. Der Zug währte eineinhalb Stunden. Rynne zitierte Vaughan: «Jüngst sah ich nachts den Glanz der Ewigkeit:/Ein Ring aus reiner, leuchtender Unendlichkeit»[256]; Mario von Galli fielen Worte Christi ein: «Ich werde euch senden wie Schafe unter die Wölfe.»[257] Schließlich erschienen die rotgewandeten Kardinäle und der Papst, der widerwillig die Sedia Gestatoria bestiegen hatte, um für die Gläubigen auf dem Petersplatz sichtbar zu sein. Anstatt der Tiara trug er wie die übrigen Bischöfe eine Mitra, um seine Zugehörigkeit zum Kollegium der Apostel zu bekunden. Am Eingang der Konzilsaula verließ er den Tragsessel und ging zu Fuß zur Confessio, wo er den Hymnus «Veni creator spiritus» anstimmte. Dann folgten die Heiliggeistmesse – zelebriert von Kardinal Tisserant –, Lesungen und Gebete in Latein und Griechisch, die zeremonielle Huldigung der Kardinäle, das gemeinsame Glaubensbekenntnis, schließlich die Ansprache des Papstes.

Erst zum Abschluß der ersten Sitzungsperiode am 8. Dezember hat Johannes XXIII. die Konzilsaula wieder betreten. Um die Freiheit des

Kardinäle Bea (rechts) und Léger

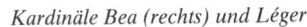

Konzilsväter. «Welch anderes Bild bietet die Kirche, je nachdem man sie ansieht: von vorn ...

Konzils nicht einzuengen, verzichtete er auf persönliche Anwesenheit und folgte den Sitzungen mittels einer Übertragungsanlage in seinen Privatgemächern. Die ursprünglich eher gedrückte Stimmung der Konzilsteilnehmer war nach der Eröffnungssitzung umgeschlagen. Nun entwickelten sich in der Aula heftige und zeitaufwendige Kontroversen zur Geschäftsordnung und über die vorgelegten Schemata. Schon bald zeigte

... oder von der Seite: ein Bild der Ruhe oder lebhaften Unruhe.» (Mario von Galli)

sich, daß das riesige Gremium nicht sehr ökonomisch zu arbeiten vermochte und die Bischöfe schier untergingen in der ihnen zugeleiteten Flut von Papier. Aber nur in einigen wenigen Fällen griff der Papst ein, um vermittelnd zu wirken und um die Handlungsfähigkeit des Konzils zu gewährleisten. Er tat es in einer Weise, die jeden Verdacht einer Manipulation gegenstandslos machte. Die Befürchtungen, zu denen der Verlauf des Ersten Vatikanums Anlaß genug gab, bestätigten sich nicht. Das Konzil, wie auch die evangelischen Beobachter immer wieder bestätigen konnten, war frei.

Während so die Bischöfe der katholischen Welt über die Zukunft des Glaubens zu beraten sich anschickten, stand die Welt insgesamt politisch am Rand eines Abgrunds. Im Monat der Konzilseröffnung eskalierte zwischen den USA und der Sowjet-Union die Kuba-Krise. Bereits am 12. Oktober nahm der Papst eine Audienz in der Sixtinischen Kapelle für die Delegationen der Regierungen und internationalen Organisationen, die an der Eröffnungssitzung teilgenommen hatten, zum Anlaß für einen Friedensappell. Am 26. Oktober, als der Höhepunkt der Krise erreicht war, erinnerte er über den Rundfunk in französischer Sprache die politisch Verantwortlichen an ihre Gewissensverpflichtung angesichts der drohenden nuklearen Katastrophe. Norman Cousins, der im Auftrag Präsident Kennedys in Rom und Moskau kontaktierte, hat später über die beteiligten Personen und über die den Augen der Öffentlichkeit entzogenen Vorgänge berichtet: über «eines der unwahrscheinlichsten Triumvirate in der Geschichte: ein amerikanischer Präsident, ein Kommunist, ein Papst zusammengeführt durch die Verwundbarkeit der Zivilisation gegenüber der modernen Vernichtungsmacht»[258].

Von da an hatte der Papst so etwas wie einen Draht zu Chruschtschow. Der Generalsekretär hat sich wiederholt voller Hochachtung über Johannes XXIII. geäußert. Vielleicht hat die unbestrittene moralische Autorität des Papstes dem Mann im Kreml es erleichtert, der ultimativen Forderung Kennedys nach Abzug der Raketen nachzugeben. Zur Zeit Pius' XI. oder Pius' XII. wäre dergleichen nicht denkbar gewesen. Seit dem Beginn des johanneischen Pontifikats aber hatten die Anzeichen sich gemehrt, daß die starre Haltung der Kirche gegenüber dem Kommunismus lockerer wurde. Nach kirchendiplomatischen Winkelzügen zwischen Rom, Konstantinopel und Moskau waren sogar zwei russische Priester als offizielle Beobachter des Moskauer Patriarchats auf dem Konzil erschienen. Nun kam es zur Entlassung des unierten Erzbischofs der Ukrainer in Lemberg, Mgr. Slipyi, aus jahrelanger sowjetischer Haft. Am 10. Februar schloß ihn der Papst in Rom bewegt in die Arme; am 1. März folgte die Verleihung des internationalen Balzan-Friedenspreises (dessen Annahme man dem Papst freilich vielerorts verargte) und wenige Tage später die spektakuläre Audienz für Chruschtschows Schwiegersohn Alexej Adschubej und seine Frau.

Am Gründonnerstag, 11. April 1963, veröffentlichte Johannes XXIII. seine achte und letzte Enzyklika, *Pacem in Terris*. Sie war in den vorhergegangenen Monaten von einem kleinen Team unter Leitung von Mgr. Pavan nach den Intentionen des Papstes verfaßt worden. Eines der von diesem aufgestellten Arbeitsprinzipien lautete, es solle keine Verurteilungen des Kommunismus geben. *Ich kann nicht der einen oder anderen Seite bösen Willen zuschreiben. Wenn ich es tue, dann wird es keinen Dialog geben, und alle Türen werden sich schließen.*[259] Mgr. Pavan sagte nach der Papstaudienz zu Capovilla: «Welch wunderbare Klarheit des Geistes hat doch dieser Mann.»[260]

Erstmals in der Geschichte der Enzykliken war *Pacem in Terris* nicht nur an den Episkopat, den Klerus und an die mit dem päpstlichen Stuhl in Gemeinschaft lebenden Christen adressiert, sondern auch an alle Menschen guten Willens (*omnibus hominibus bonae voluntatis*[261]) – begründet durch das Thema des Rundschreibens, durch die Art und Weise seiner Behandlung und sicherlich auch gemäß der besonderen Intention des Papstes, den es drängte, in dieser Stunde zur ganzen Welt und nicht nur zu den Katholiken zu sprechen. Das unmittelbare Interesse der Kirche – das war nur die Konsequenz, die aus seinem Selbstverständnis als dem guten Hirten hervorging – war ihm dabei weniger wichtig als die Zukunft der gesamten Menschheit.

Die Enzyklika erschien drei Wochen vor den italienischen Wahlen und war geeignet, als Beweis einer Kursänderung der päpstlichen Politik gegenüber den linken Parteien interpretiert zu werden; tatsächlich war sie das auch. Die Verwirrung, die sie hervorrief, war dementsprechend groß, und das Wahlergebnis sprach in der Folge für sich. Die Democristiani verloren um eine Million Stimmen, die gemäßigten Sozialisten unter Saragat erzielten große Gewinne; auch die Kommunisten profitierten von der Wahl. Die Veränderung ließ sich nicht nur auf die Enzyklika zurückführen, aber da eine andere Initiative des Papstes, die Audienz für Adschubej, in die gleiche Richtung gewirkt hatte, war die Kritik der politischen Rechten am Papst sehr scharf. Man warf ihm vor, sich in naiver Weise als Werkzeug des internationalen Kommunismus mißbrauchen zu lassen. Nicht wenige hohe Prälaten werden in ihrem Herzen zugestimmt haben.

Johannes XXIII. stand jedoch im vorletzten Monat seines Lebens: er konnte nicht warten, wenn er die Enzyklika veröffentlicht sehen wollte. Vielleicht hat ihn jedoch der Gedanke an die unmittelbaren Folgen gar nicht so sehr belastet (obwohl er sich, als er das Wahlergebnis erfuhr, überrascht zeigte); schließlich lief das, was er in seinem Rundschreiben lehrte, auf die Empfehlung einer veränderten Praxis hinaus.

Pacem in Terris unterschied zwischen dem Irrtum und den Irrenden. Ausdrücklich wird gesagt, es sei *durchaus angemessen, bestimmte Bewegungen, die sich mit wirtschaftlichen, sozialen, kulturellen Fragen oder der Politik befassen, zu unterscheiden von falschen philosophischen Lehrmeinungen über das Wesen, den Ursprung und das Ziel der Welt und des Menschen, auch wenn diese Bewegungen aus solchen Lehrmeinungen entstanden und von ihnen angeregt sind. Während die in ein System gefaßte und endgültig niedergelegte Weltanschauung nicht mehr geändert werden kann, unterliegen diese Bewegungen dort, wo sie sich mit den je und je sich wandelnden Verhältnissen befassen, doch notwendigerweise diesen Veränderungen. Wer könnte übrigens leugnen, daß in solchen Bewegungen, soweit sie sich den Gesetzen der geordneten Vernunft anpassen und die gerechten Forderungen der menschlichen Person berücksichtigen, etwas Gutes und Anerkennenswertes sich finden kann?*[262]

Unausgesprochen lag darin das Zugeständnis, daß es Katholiken erlaubt sein müsse, auch mit Andersdenkenden zusammenzuarbeiten, wenn das Allgemeinwohl das forderte, und die Verpflichtung, im Andersdenkenden zuallererst den Menschen zu respektieren. *Pacem in Terris* postulierte die Gewährleistung eines allgemeinen Friedens als die Hauptaufgabe unserer Zeit. Die Enzyklika forderte die Einstellung der Atomversuche und des Wettrüstens, eine allgemeine und kontrollierte Abrüstung, Anerkennung der Gleichheit aller Menschen; sie wandte sich gegen jede Form von Kolonialismus und Rassendiskriminierung. Sie erkannte im Aufstieg der Arbeiterklasse und in der Teilnahme der Frau am öffentlichen Leben «Zeichen der Zeit», denen es durch eine konstruktive Bemühung zu entsprechen galt. Für die Verwirklichung eines auf Wahrheit, Gerechtigkeit, Liebe und Freiheit gegründeten Friedens bedurften die Menschen nach Überzeugung der Enzyklika der göttlichen Hilfe. Es ist jedoch für *Pacem in Terris* charakteristisch, daß zugleich an die Kraft und die Verantwortung des Menschen appelliert wird. Das päpstliche Lehramt unterstützte mit seiner Autorität die großen Fortschrittsideen der Zeit.

Wie die anderen Enzykliken Johannes' XXIII. bleibt *Pacem in Terris* hinter der strengen intellektuellen Formung der Enzykliken Pius' XII. zurück. Die unterschiedlichen Gesichtspunkte sind mehr aneinandergereiht als aufeinander bezogen. Das Rundschreiben nimmt viele Themen von *Mater et Magistra* wieder auf, ist aber im Ton entschiedener und drängender. Es war vom Papst sicherlich auch dazu bestimmt, in die Arbeit des Konzils einbezogen zu werden. In ihm gab Johannes XXIII. seinen Entwurf für eine künftige Ordnung, die wirklich die Bezeichnung christlich verdiente. «Weil wir diese Enzyklika haben», schrieb Hales 1966, «werden wir immer wissen, welches seine Vision für die Menschheit war.»[263]

Als Zeugnis seines Pontifikats ist *Pacem in Terris* Abschluß und Vermächtnis. Das Foto von der offiziellen Unterzeichnung zeigt des Papstes durch die tödliche Erkrankung verändertes Gesicht.

Am 7. März 1961 sagte Johannes XXIII. bei einer Allgemeinen Audienz: *Es ist eine unbestreitbare Gewißheit, daß Wir eines Tages den Besuch unseres Bruders Tod erhalten werden, wie Franziskus von Assisi ihn genannt hat. Er pflegt sich zuweilen auf schroffe und unerwartete Art einzustellen. Wir werden aber geduldig oder besser unerschütterlich bleiben, wie ein Baum, dessen Früchte ausgereift sind.*[264] Natürlicherweise beschäftigte er sich seit langem in Gedanken mit dem Tod. Das Tagebuch und die Briefe enthalten zahlreiche Reflexionen, in denen sich eine gelassene Bereitschaft ausdrückt, wie etwa während der Exerzitien 1955. Damals stand Roncalli im Begriff, die Fünfhundert-Jahr-Feier für den 1456 gestorbenen ersten Patriarchen von Venedig, den hl. Lorenzo Giustiniani, vorzubereiten, und er notiert dazu – denn er stand damals in dem Alter, das Giustiniani erreicht hatte –: *Wäre es nicht auch eine gute Vorbereitung auf meinen Tod?*[265] Seine persönlichen Aufzeichnungen während der Exerzitien mit den Bischöfen der Drei Venetien stellte er damals unter das

Motto: *Largire lumen vespere* (Gib einen lichten Abend uns[266]): *Meine Gesundheit ist immer noch ausgezeichnet, und ich fühle mich noch rüstig. Doch darf ich mich nicht darauf verlassen.*[267] Zum Papst gewählt, sprach er immer wieder von einem kurzen Pontifikat, und von dem Konzil, das er in Eile vorbereitete, sagte er, sein Beitrag zu dessen Gelingen würde das Leiden sein.[268]

Die Mutter des Papstes, ein Bruder und vier Schwestern waren an Krebs gestorben. Es ist anzunehmen, daß der Achtzigjährige sich über die Natur seiner Beschwerden, die 1961 einsetzten, nicht lange täuschte. Im Anschluß an die geistliche Einkehr im Vatikan vom 26. November bis 2. Dezember 1961 notierte er im Tagebuch: *Ich bemerke in meinem Körper den Anfang irgendeiner Störung. Das ist in meinem Alter wohl ganz natürlich. Ich ertrage sie in Frieden, wenn sie mir auch bisweilen lästig wird, auch weil ich fürchte, sie könnte sich verschlimmern. Es ist nicht gut, darüber viel nachzudenken. Aber trotzdem fühle ich mich zu allem bereit.*[269] Elliott berichtet, daß der Papst im Sommer 1962 die ersten klaren Symptome seiner Krebserkrankung wahrgenommen habe. Am Ende dieses Jahres erzählte er vor Kindern im Damasushof von Leo XIII., der 93 Jahre alt geworden war, und fügte hinzu: *Aber schließlich mußte auch er mitmachen, was mit uns allen geschieht, und wahrscheinlich bald auch mit dem Papst, der heute vor euch steht.*[270] Den Ärzten, die ihm sagten, er habe eine «gastropathische Kondition» antwortete er: *Nur weil ich Papst bin. Sonst würden Sie es Magenschmerzen nennen.*[271] Den in Rom umlaufenden Gerüchten begegnete er knapp: *Sagt ihnen, der Papst lebt noch. Und es gibt keinen Grund, ihn zu beerdigen, bevor er stirbt.*[272]

Nachfolger des verstorbenen Leibarztes Filippo Rocchi wurde ein alter Freund des Papstes, Professor Antonio Gasbarrini aus Bologna. Untersuchungen wurden vorgenommen und einige führende italienische Spezialisten konsultiert. Die Diagnose, die Gasbarrini dem Papst im November 1962 mitteilte, war klar: inoperabler Krebs. Der Patient hatte allenfalls noch ein halbes Jahr zu leben.

Dr. Piero Mazzoni, ein junger Anäthesist, zog in den apostolischen Palast ein. Am 27. November erlitt der Papst eine schwere Darmblutung. Die folgende Mittwochsaudienz mußte abgesagt werden, und das vatikanische Presseamt gab zwei unbestimmte Mitteilungen über das Befinden des Papstes heraus. Am folgenden Samstag erschien der Papst aber wieder am Fenster seines Arbeitszimmers, um mit den Gläubigen auf dem Petersplatz den Angelus zu beten. In Rom waren die verschiedensten Gerüchte im Umlauf. *Die gute Gesundheit, die Uns zu verlassen drohte, kehrt zurück,* sagte der Papst – *sie ist schon zurückgekehrt.*[273] Die Menge jubelte, und der Papst mußte weinen.

In den folgenden Monaten und Wochen entwickelte seine «eiserne Konstitution» – wie Professor Gasbarrini sie nannte – genügend Kräfte, daß er wieder arbeiten konnte. Dabei war er freilich niemals ganz frei von Schmerzen. Es ging um Vorgänge und Handlungen von großer Tragweite: das Ende der ersten Sitzungsperiode des Konzils, die Abfassung von *Pacem in Terris,* die den Papst intensiv beschäftigten.

Der Papst bei seinem letzten öffentlichen Auftreten, Christi Himmelfahrt 1963

Meine Koffer sind gepackt, versicherte er, bemüht, die betrübten Gesichter in seiner Umgebung aufzuhellen.[274] Traf er auf einen Mann von ihm ebenbürtiger Kraft, sprach er ganz unverblümt. Als Kardinal Wyszyński ihn im Mai 1962 besuchte und sich mit den Worten: «Bis September, Heiliger Vater!» verabschiedete, antwortete er: *Im September werden Sie entweder mich hier finden oder einen andern. Wissen Sie, in einem Monat schaffen sie das – die Beerdigung eines Papstes und die Wahl eines neuen.*[275]

In Gesprächen und Briefen nahm er Abschied. Er bat den Kammerdiener Gusso, ihm seinen kleinen Sohn zu bringen, und als der dreijährige Giovanni sagte, er wolle Priester werden, lachte der Papst: *Du bist zu hübsch. Wenn die Zeit kommt, wirst du heiraten.*[276] Noch einmal schrieb er, adressiert an den Bruder Zaverio, einen langen Brief an die Familie:

Ich weiß wohl, daß Ihr einiges zu leiden haben werdet von jenen, die recht unvernünftig daherreden: Was ist das: einen Papst in der Familie ha-

ben und seine Angehörigen müssen so bescheiden weiterleben [...] Indessen wissen viele, daß der Papst als Kind einfacher, aber ehrenwerter Leute niemanden vergißt, daß er ein gutes Herz hat und es auch zeigt für alle seine nächsten Verwandten, daß im übrigen seine Haltung dieselbe ist wie die fast aller seiner unmittelbaren Vorgänger [...][277] Das «fast alle» in diesen Zeilen ist verräterisch: Johannes XXIII. dachte an Pius XII., das erklärt die seit dem Beginn seines Pontifikats fast strenge Haltung in bezug auf die materielle Lage seiner Familie. Aber nicht nur um keinen Anstoß zu geben, auch um ihrer selbst willen wird die Armut gesucht, sie soll *einer der schönsten und geachtetsten Ehrentitel des Papstes Johannes und seiner Familie* bleiben. Der Schreiber gedenkt dann der verstorbenen und der noch lebenden Familienmitglieder, und als er an die Kinder denkt, fließt ihm das Wort *Reichtum* in die Feder.[278]

Ende April und wiederum Ende Mai 1963 führte die Krankheit zu neuen Blutungen. Am 30. Mai kam eine Peritonitis hinzu, die das Leiden entscheidend verschlimmerte. Wie er es gewünscht hatte, informierte man den Papst, daß das Ende nahe sei. Er blieb auch jetzt gefaßt. *Helft mir sterben, wie es sich für einen Bischof, einen Papst gehört.*[279] So wurde zunächst der Beichtvater gerufen. In den folgenden drei Tagen, während das Fieber bis auf 42 Grad stieg und der Patient große Schmerzen litt, versammelten sich viele in der Nähe seines Sterbelagers, auch seine Geschwister und sein Neffe Battista, der Priester geworden war.

Am 3. Juni, Pfingstmontag, am Abend gegen acht Uhr, als auf dem Petersplatz eine von Kardinal Traglia gelesene Messe zu Ende ging, starb Johannes XXIII.

Es war sein Wunsch, noch einmal den Weg getragen zu werden, den er am Tag der Konzilseröffnung mit dem Episkopat der ganzen Kirche zurückgelegt hatte: über die Scala Regia durch das Bronzetor hinab in die Kolonnaden Berninis, zum Obelisken auf dem Petersplatz, von dort über die Freitreppe zum Portal des Doms und durch das als Konzilsaula hergerichtete Mittelschiff zur Confessio. Wo damals der einfache Papstthron aufgebaut gewesen war, von dem aus er die Eröffnungsansprache gehalten hatte, wartete nun der Katafalk. Dieser Trauerzug war in seiner erschütternden und großartigen Symbolik die letzte Tat des Papstes für das Konzil, das nach kanonischem Recht mit dem Ende des Pontifikats unterbrochen war. Über den Tod hinaus bewahrte er so dem kühnsten Gedanken seines Lebens die Treue; er verpflichtete seinen Nachfolger und die Bischöfe zur Fortführung des Begonnenen. Rührung und Trauer, Ergriffenheit und Liebe vieler Menschen, die das Leiden und den Tod des Papstes begleitet hatten, wurden von diesem Zug gleichsam übersetzt in einen Akt des Mutes und der Hoffnung. Der glaubensstarke italienische Priester Angelo Roncalli, der Konzilspapst, wies die Menschen über sich hinaus. Nicht Abschluß war sein Pontifikat gewesen, sondern Beginn dessen, was kommen sollte. *Ich habe es einfach nur angestoßen.*[280]

Am Montag, dem 17. Juni, wurden die neuntägigen Trauerfeiern für den Papst mit einem von Kardinal Tisserant zelebrierten Requiem been-

Der Petersplatz am Abend des 3. Juni 1963

det. Neben 71 Kardinälen nahmen Vertreter zahlreicher Regierungen und christlicher Kirchen daran teil. Der Präsident der USA, Kennedy, hatte seinen Vizepräsidenten, Johnson, entsandt. Die russisch-orthodoxe Kirche, die erstmals an einer Trauerfeier für einen verstorbenen Papst sich beteiligte, wurde durch ihre beiden Konzilsbeobachter, Bischof Kotljarow und Erzpriester Borowoj, vertreten. Auf dem Petersplatz waren Einheiten der italienischen Armee aufgezogen, darunter eine Kompanie des lombardischen Infanterieregiments, in dem Roncalli gedient hatte. Die Messe wurde vor dem Katafalk zelebriert, auf dem der tote

Papst aufgebahrt lag. Mgr. Giuseppe del Ton verlas die lateinische Eulogie, in der das Pontifikat des Verstorbenen gewürdigt wurde.

Am 19. Juni begann das Konklave. Am 21. Juni, vormittags, wurde Kardinal Montini zum neuen Papst gewählt.

Einen Tag nach der Beisetzung in der Krypta von St. Peter, am 7. Juni, veröffentlichte der «Osservatore Romano» das geistliche Testament des Papstes. Roncalli hatte es zuerst 1925, im Jahr seiner Bischofsweihe, als er nach Bulgarien entsandt worden war, aufgesetzt; später hatte er es wiederholt überarbeitet; 1954 erhielt es in Venedig die annähernd endgültige Form. Ein Zusatz, geschrieben in Castel Gandolfo 1961, enthielt im wesentlichen nur eine Bestätigung des bereits Formulierten.

In der Stunde, da ich wieder vor dem Einen und Dreifaltigen Gott erscheine, beginnt das Testament, *vor dem Gott, der mich erschaffen und erlöst hat, der mich zu seinem Priester und Bischof berief und mich mit*

*Giacomo Manzù,
Papst Johannes XXIII.
Ausschnitt aus der
«Porta de la Morte»
der Peterskirche
(Tonmodell)*

zahllosen Gnaden überhäuft hat, vertraue ich meine arme Seele seiner Barmherzigkeit an. Noch einmal demütigte sich der Schreiber vor Gott, bekannte seinen Glauben sowie die Treue zur Kirche und bat diejenigen um Verzeihung, die er unwissentlich beleidigt habe. Dann sprach er von seiner Herkunft und den Menschen, die seinen Lebensweg begleitet hatten.

Meiner geliebten Familie – secundum sanguinem –, von der ich keine materiellen Reichtümer erhalten habe – kann ich nur meinen ganz besonderen Segen hinterlassen. Dabei bitte ich sie, die Gottesfurcht zu bewahren, die mir meine Familie immer so lieb und teuer machte, daß ich mich ihrer in ihrer Einfachheit und Bescheidenheit nie zu schämen brauchte: Und das ist ihr wahrer Adelstitel. [...] ich freue mich, daß die festverwurzelte Treue zur religiösen Überlieferung der Väter sich auch in den jungen Zweigen unserer Familie zeigt. Das wird ihr immer Glück bringen. Mein brennender Wunsch ist: Von meinen Angehörigen und Verwandten soll niemand bei der Freude des letzten, ewigen Wiedersehens fehlen. [...]

In der Stunde, da wir Lebewohl sagen, oder besser, auf Wiedersehen, will ich nochmals an das erinnern, was im Leben am meisten gilt: Jesus Christus, seine Heilige Kirche, sein Evangelium, und im Evangelium vor allem das Vater unser im Geist und nach dem Herzen Jesu und der frohen Botschaft, die Wahrheit und die Güte, die milde und wohlwollende, tatkräftige und geduldige, die unbesiegte und selbst siegreiche Güte.[281]

Immer wieder sind im Gedenken an diesen Papst die Worte aus dem Evangelium wiederholt worden: «Es kam ein Mann, von Gott gesandt, sein Name war Johannes.» (Joh. 1,6) Wenn eine der einfachen Geschichten, die er wie im Vorübergehen zu erzählen liebte, eine Pause der Rührung und Verlegenheit schufen, hat er selbst für kräftige Aufmunterung gesorgt. Dann sagte er vielleicht mit einer seiner familiären Handgebärden: *Ecco, basta, correggio figlioli, andiamo.* (Nun Schluß, das genügt, nur Mut, meine Jungen, gehen wir weiter.)[282]

Anmerkungen

Zitatbelege und Literaturhinweise in den Anmerkungen sind bezogen auf die Bibliographie S. 152 ff. In der Regel sind nur der Name des Autors und die Seitenzahl angegeben. Verzeichnet die Bibliographie mehrere Beiträge eines Autors, verschiedene Auflagen bzw. Ausgaben oder mehrbändige Werke sind ergänzende Angaben hinzugefügt. Daneben wurden folgende Abkürzungen verwendet (vollständige Titel s. Bibliographie):

AAS Acta Apostolicae Sedis
BaF Johannes XXIII., Briefe an die Familie
DMC Discorsi, messagi, colloqui del Santo Padre Giovanni XXIII.
HK Herder-Korrespondenz
LuW Johannes XXIII. Leben und Werke. Eine Dokumentation. Hg. von der Herder-Korrespondenz
OR Orientierung. Katholische Blätter für weltanschauliche Information
Tgb Johannes XXIII., Geistliches Tagebuch

1 Tgb, 350. – Die Hügel um das Dorf gehörten einst Benediktinerinnen; darauf geht der Name zurück: «unterhalb des Berges», nämlich dem des Klosters. Roncalli hätte den Grund gern wieder in benediktinischem Besitz gesehen, vgl. BaF, II, 66.
2 Johannes XXIII. im Zeugnis seines Nachfolgers Paul VI. Mit einer Einführung von D. A. Seeber. Freiburg, Basel 1965, 105 f.
3 «Le Rouge et le Noir», das Motto; die Worte stammen von Danton.
4 LuW, 119; ähnlich Kardinal Suenens, in: Fleckenstein, 66 f.
5 LuW, 118.
6 Pallenberg, Paul VI., 191.
7 Trevor, 227: «Without a touch of holy madness the Church cannot grow.»
8 LuW, 112.
9 HK, XVII, 358; vgl. Seibel, 23.
10 Vgl. zur Methode der geistlichen Übungen wie Ignatius sie entwickelt hat: Alain Guillermou, Ignatius von Loyola in Selbstzeugnissen und Bilddokumenten. Reinbek bei Hamburg 1962, 65 ff (= rowohlts monographien. 74).
11 Tgb, 335.
12 Tgb, 333; vgl. Matth. 26,41, Jesu Worte zu den Jüngern in Gethsemane.
13 HK, XVII, 86.
14 Rynne, Die zweite Reformation, 91. – Hinter dem Pseudonym «Xavier Rynne» verbarg sich ein kenntnisreicher Kommentator – Francis Xavier Murphy, vgl. Hebblethwaite, John XXIII., 518 –, dessen Darstellung des Konzilsverlaufs in vier Bänden vorliegt.
15 HK, XVII, 86 f.
16 Fesquet, Humor und Weisheit, 36; vgl. Rynne, Briefe aus dem Vatikan, 45. – Eine abweichende Darlegung bei Kaufmann, Johannes XXIII., 13.
17 Fesquet erzählt, der Papst habe beim Überlesen eines Schemaentwurfs für das Konzil, der gewissen theologischen Forschungen und der modernen Exegese besonders feindselig gegenüberstand, zu einem Vertrauten gesagt: *Sehen Sie*

nur – in diesem Entwurf gibt es dreißig Zentimeter Verurteilungen. (Fesquet, Humor und Weisheit, 105)
18 Bea, 77; vgl. auch Kaufmann, Johannes XXIII., 12.
19 Nikodim 85; auch über den Wechsel der Titel im Laufe seines Lebens scherzte der Papst gelegentlich, vgl. Hebblethwaite, John XXIII., 300.
20 Zweifel an den verbreiteten Sammlungen der Anekdoten hat zuerst Pallenberg angemeldet; vgl. Pallenberg, Paul VI., 205f.
21 Mit Rücksicht hierauf werden wir gelegentlich mehrere Belegstellen anführen.
22 Klinger, 33f.
23 Wirtz, 50.
24 Tgb, 366.
25 Capovilla, Johannes XXIII., 282. – Der Urheber dieses Scherzes ist möglicherweise der Papst selbst, vgl. Roß, 577.
26 Hildesheimer, 123.
27 Elliott, 199.
28 Gallizia-Faßbinder, 348.
29 Hales, 248.
30 «Dieser Bursche versteht nichts», schrieb Mgr. Tardini, der spätere Staatssekretär des Papstes, in einen der Berichte Roncallis aus der Türkei. Vgl. Hebblethwaite in: OR 1982, Nr. 19, 207.
31 Fesquet, Humor und Weisheit, 94.
32 Wirtz, 51.
33 Fesquet, Humor und Weisheit, 36; Serafian zitiert: *Come va il vostro vescovo amletico?* (Serafian, 13). Angeblich stand die Äußerung in Verbindung mit Montinis vorsichtigem Zögern während der ersten Sitzungsperiode des Konzils, vgl. Pallenberg, Paul VI., 179. Hebblethwaite bezweifelt ihre Authentizität.
34 Pallenberg, Vatikan, 88; Trevor, 3. Vgl. dagegen Rynne, Die zweite Reformation, 29 – danach stammt diese Äußerung in ähnlicher Form von Kardinal Dougherti.
35 Klinger, 91.
36 Wirtz, 50.
37 Willam, 10.
38 Hales, Die große Wende, 7.
39 Hales, a. a. O., 11
40 Josef Neuner, Heinrich Roos, Der Glaube der Kirche in den Urkunden der Lehrverkündigung. 5., verbesserte Auflage, hg. von Karl Rahner. Regensburg 1958, 172.
41 Diese Bezeichnung stammt von Madeleine Delbrêl; vgl. BaF, I, 596.
42 LuW, 17.
43 Fesquet, Humor und Weisheit, 26.
44 Fleckenstein, 68; Hebblethwaite, John XXIII, 303 (mit aufschlußreichen Tagebuchnotizen).
45 Poupard, 170f.
46 HK, XVII, 450.
47 Poupard, 175.
48 Hales, Die große Wende, 30.
49 Roncalli, Baronius, 31ff.
50 Der bergamaskische Dialekt weicht vom Italienischen so stark ab, daß Ermanno Olmis berühmter Film über die Welt der bergamaskischen Bauern «L'Arbero degli Zoccoli» («Der Holzschuhbaum») in Italien mit italienischen Untertiteln gezeigt werden muß.
51 Poupard, 206; Lazzarini, Johannes Paul I., 119.
52 Vgl. Lercaro, 9ff.
53 Lasciare tempo al tempo (Seibel 25f); Rouquette, 260.
54 Fesquet, Humor und Weisheit, 129; nach einem Brief vom 6. März 1939 zum Tod der Mutter. Das folgende Zitat: Fesquet, Humor und Weisheit, 5.
55 Tgb, 85.
56 Rouquette, 257; ähnlich äußerte sich Kardinal Suenens. – Eher distanziert in bezug auf die Gestalt des Papstes muten Rahners Briefe aus der Konzilszeit an H. Vorgrimmler an, vgl. OR, 1984, Nr. 12, 13/14, 15/16 und 17. Am 2. Juni 1963 kommentiert er zwei von ihm selbst verfaßte Nachrufe: «Ich hoffe nicht mehr Weihrauch angezündet zu haben, als bei solchen Anlässen unumgänglich ist. Und im übrigen ist mir Giovanni XXIII. doch ganz sympathisch. Zumal er sich doch ganz nett für mich eingesetzt hat.»
57 Fesquet, Humor und Weisheit, 5; Poupard, 171f.

58 Roncalli, Baronius, 59.
59 Johannes XXIII., Erinnerungen eines Nuntius, 41 f.
60 Fesquet, Humor und Weisheit, 126.
61 Ebd.
63 Tgb (Taschenbuchausgabe), 366.
64 Pastor, XII, 9.
65 Roncalli, Baronius, 34.
66 Roncalli, Baronius, 40.
67 Pastor, XII, 231.
68 Gertrud von Le Fort, Hymnen an die Kirche.
69 Fesquet, Humor und Weisheit, 18.
70 V. Galli, I, 39.
71 Lercaro, 71.
72 Ebd.
73 Lercaro, 72.
74 «Son Bergamasco: Angelo mi chiamo e qui giaccio./ La mia vita consumai vegliando su dotti studi./ Roma mi onorò della porpora e del rosso galero./ Ma tu, o Cristo buono, dammi l'empireo cielo./ Guardano a Te ho potuto sopportare lunghe fatiche:/ Ora mi sia dolce con Te l'eterno riposo.» (Lercaro, 73 f)
75 HK, XVIII, 1.
76 König, 55.
77 Tardini, Pius XII., 9.
78 Hildesheimer, 133.
79 Pallenberg, Paul VI., 150 f; vgl. Hebblethwaite, John XXIII, 296 f.
80 Rouquette, 257.
81 Lercaro, 22.
82 Hales, Die große Wende, 17.
83 Lercaro, 31 f.
84 Fesquet, Humor und Weisheit, 69.
85 Vgl. auch Kaufmann, 42.
86 Anders als in Deutschland, wo der Dreißigjährige Krieg viele Spuren verwischt hat, bildet das 17. Jahrhundert in Italien für genealogische Forschungen keine Zäsur.
87 Tgb, 425, «Stichworte für eine Biographie des Roncallipapstes». Dazu bemerkt der Hg., Papst Johannes habe sich bereit gezeigt, bei der Ausarbeitung einer auf Dokumente zurückgreifenden Selbstbiographie (in der dritten Person) mitzuarbeiten. Dieses autobiographische Skizze, 1959 begonnen, endet mit den Jahren des Seminarlebens (1892–1904).
88 Es gibt etwa zehn Roncalli-Wappen, die alle in verschiedenen Kombinationen einen silbernen Turm oder eine Burg zeigen.
89 Tgb, 425.
90 Tgb, 426.
91 Kerdreux, 35.
92 Heim, Porträt, 152. In Briefen und Ansprachen hat Roncalli Manzoni oft zitiert.
93 «Christlich dekorierter Wirtschaftsliberalismus», wie ein neuerer Literatursoziologe bemerkt.
94 HK, XIII, 113.
95 Elliott, 16.
96 BaF, I, 612.
97 BaF, I, 586.
98 Ebd.
99 Ebd.
100 Kumpf, 46.
101 Rouquette, 252 f.
102 Von der Taufe Pacellis in einer Kirche in der Via del Banco di San Spirito in Rom berichtet Walter «gemäß der Überlieferung, die scheu und gewiß von Lippe zu Lippe weht und durch die Jahrzehnte nichts von ihrer Frische verliert»: «Auf einmal, wie von himmlischer Eingebung ergriffen – wie Simeon im Tempel – nahm der Priester das Kind in seine Arme und rief aus, seinen verklärten Blick der mächtigen Kuppel Michelangelos zuwendend, die sich in der Ferne abzeichnete: ‹Wahrhaftig! Nach 63 Jahren, vom heutigen Tage an gerechnet, werden alle Christen dieses Knäblein in San Pietro bejubeln!›» (Walter, 8) Pacelli wurde an seinem 63. Geburtstag zum Papst gewählt.
103 Fesquet, Unkraut und Weizen, 31.
104 Von den Brüdern überlebten ihn Zaverio (geb. 1883), Alfredo (geb. 1889) und Giuseppe Luigi (geb. 1894). Vor ihm starben Giovanni (1891–1956) und Luigi, der nur zwei Jahre alt wurde (1896–98). Auch zwei jüngere Schwestern starben vor ihm, Maria Elisa (1884–1955) und Enrica (1893–1918).
105 Wiewohl Zaverio Roncalli dies

nach Meinung des Papstes nicht beabsichtigte, vgl. Hebblethwaite, John XXIII, 9.
106 Hildesheimer, 138.
107 Zaverio Roncalli ist im Alter von 88 Jahren 1912 gestorben. In dem von Don Roncalli verfaßten Text zu dem Erinnerungsbildchen heißt es: *Er war der Gerechte der Heiligen Schrift. Einfach, ehrlich, gottesfürchtig [...] Seine hauptsächliche Freude war die Kirche, immer der erste, der sie morgens betrat, und der letzte, der sie abends verließ. Glühender Gebetsgeist heiligte seine tägliche Arbeit, sein Essen, seine Nächte, sein ganzes Leben. Beim Tod hinterließ er [...] ein leuchtendes und unvergeßliches Beispiel [...]* (BaF, I, 599)
108 Nikodim, 14.
109 Pecher, 26.
110 Pallenberg, Vatikan 89.
111 Algisi, Giovanni XXIII, 15.
112 Über 80 Prozent der Wähler waren 1891 in der «Sakristei des Vatikan» – wie man Bergamo auch nannte – der Wahlurne ferngeblieben, vgl. Kumpf, 59.
113 Aradi, 41.
114 Tgb, 26f. «Zu jeder Zeit» ist zu beachten:
Sich mehr als vor jedem anderen Übel vor schlechten oder nichtsnutzigen Kameraden hüten. Dies sind solche, die zweideutige schmutzige und gehässige Reden führen, die gerne mit Personen des anderen Geschlechts verkehren und über Liebesgeschichten sprechen, die häufig Gasthäuser besuchen und unmäßig sind, vor allem im Trinken; die als rachsüchtig, streitlustig und skrupellos gelten wollen; die müßig auf den Plätzen oder in den Läden herumgehen oder -stehen; die in Spiellokale gehen oder auch privat Karten oder Würfel spielen, und ganz allgemein alle diejenigen, deren Benehmen den guten Sitten widerspricht, die das Studium vernachlässigen und Vergnügungen nachgehen. – 2. Es vermeiden, mit Frauen – gleichgültig welchen Standes, Alters oder Verwandtschaftsgrades – zu verkehren, zu spielen, zu scherzen oder sonst irgendwie allzu vertraulich umzugehen. Man soll ihnen gegenüber auch die kleinste Vertraulichkeit meiden, die in irgendeiner Weise gefährlich oder verdächtig sein könnte. – 3. Unbedingt auf die verbotenen und auch auf die erlaubten Spiele verzichten, vor allem auf Karten- und Würfelspiel, erst recht in der Öffentlichkeit und an Orten, wo alle möglichen Leute zusammenkommen, und nicht einmal dabei zuschauen. – 4. Auf keinen Fall und unter keinem Vorwand sich duzen, einander mit den Händen anfassen, nachlaufen, anstoßen, schlagen, auch nicht im Scherz, sowie alle sonstigen Handlungen, Worte oder leichtfertigen Gesten meiden, die Abscheu erregen oder gefährlich werden können. – 5. Sich fortwährend bemühen, die Lilie der Reinheit zu bewahren. Man soll daher gut auf seine Sinne achten, vor allem auf die Augen [...] Das sind nur die ersten Punkte.
115 Tgb, 17.
116 Tgb, 41.
117 Tgb, 47.
118 Nikodim, 17. *Ich fühle mich sehr elend.*
119 Oder «Cerasola», wie Roncalli auf Grund spezieller Studien annahm, vgl. Roncalli, Baronius, 9.
120 BaF, I, 19.
121 Willam, 27f.
122 BaF, I, 20.
123 Tgb, 110ff.
124 Tgb, 128.
125 Willam, 12.
126 Willam, 21.
127 Tgb, 133.
128 Aradi, 54.
129 Hermelink, 3.
130 Über Buonaiutis Buch «Pius XII.» äußert Roncalli sich in einem Brief vom 11. März 1947 an Bischof Bernareggi von Bergamo, vgl. Willam, 97f. – eine aufschlußreiche private Aufzeichnung des Papstes über Buonaiuti ist zitiert bei Kaufmann, Johannes XXIII., 26.
131 Tgb, 190.

132 Tgb, 186.
133 Tgb, 187.
134 Pecher, 30.
135 Tgb, 194.
136 Lazzarini, Johannes XXIII., 33; Radini und sein künftiger Sekretär sahen sich ein erstes Mal bereits im September 1899 in Chiaie di Bonate Supra.
137 Lazzarini, Johannes XXIII., 35.
138 Aradi, 57.
139 Lazzarini, Johannes XXIII., 32.
140 Am 22. Februar 1957 an Bischof Natale Mosconi von Ferrara, vgl. Willam, 62.
141 Arendt, 196.
142 Willam, 108.
143 Willam, 107.
144 Willam, 110.
145 Aradi, 71.
146 Roncalli, Baronius, 19.
147 Roncalli, Baronius, 55f.
148 Willam, 89.
149 Lazzarini, Johannes XXIII., 48.
150 Aradi, 74f.
151 Aradi, 87.
152 Aradi, 54.
153 Pallenberg, Vatikan, 91.
154 Fesquet, Humor und Weisheit, 82.
155 Giovanetti, 146f.
156 BaF, I, 67f.
157 Elliott, 83.
158 Hebblethwaite, John XXIII., 106.
159 Willam, 119; DMC I, 53.
160 BaF, I, 91.
161 BaF, I, 93.
162 Willam, 119.
163 Trevor, 132; Elliott, 90.
164 Tgb, 229f.
165 BaF, I, 107.
166 Ebd.
167 Tgb, 232.
168 Tgb, 233.
169 Tgb, 235.
170 Tgb, 234.
171 Tgb, 235.
172 Trevor, 145f.
173 Tgb, 237.
174 Tgb, 239.
175 Tgb, 234.
176 Rouquette, 253f.
177 Dahm, 119.
178 Der Titel war erledigt, da Roncallis Vorgänger in Istanbul, Mgr. Margotti, der ihn bis dahin geführt hatte, zum Erzbischof von Görz und Gradisca ernannt worden war. Einige Jahre nach dem Tod Johannes' XXIII. hat Mgr. Capovilla ihn angenommen.
179 Giovanetti, 48ff.
180 Giovanetti, 51.
181 Aradi, 146.
182 Vgl. Lenz-Medoc, Nuntius Angelo Guiseppe Roncalli, 499f.
183 Giovanetti, 59.
184 Tgb, 260.
185 Aradi, 161.
186 Rouquette, 254.
187 Bergerre berichtet, daß Roncalli damals für die meisten in Rom akkreditierten Journalisten ein mehr oder weniger Unbekannter war. Er habe einen Freund im Vatikan gefragt, wer dieser Nuntius sei, und die Antwort erhalten: «Ein alter Knacker.» (Bergerre, 50)
188 Elliott, 169f – Eine entsprechende Versicherung hat Pius XII. Roncalli offenbar selbst gegeben, vgl. dessen Brief vom 23. März 1945 an den Bischof von Bergamo (Brosch, S. 65).
189 Ebd. Elliott macht daraus eine mündliche Äußerung, sie findet sich aber in dem oben genannten Brief.
190 Rouquette, 256.
191 BaF, II, 8.
192 Lenz-Medoc, Nuntius Angelo Guiseppe Roncalli, 507.
193 BaF, II, 8.
194 Tgb, 290.
195 BaF, II, 61.
196 Rouquette, 256.
197 Rynne, Die zweite Reformation, 36; dort auch die römische Anekdote, man habe am Tag nach der Veröffentlichung der Enzyklika den Dominikaner Garrigou-Lagrange, den entschiedensten Wortführer unter den Gegnern der «neuen Theologie», im Kreuzgang des Collegium Angelicum mit sechs Skalpen an seinem Gürtel umherwandeln gesehen. – Über die Konsequenzen für die betroffenen Theologen vgl. Hebblethwaite, John XXIII., 228f.
198 Tgb, 294.
199 Pius XII. soll zu Mgr. Marella vor dessen Entsendung nach Paris

1953 gesagt haben: «Vor allem machen Sie es nicht wie Ihr Vorgänger, der nie da war.» (Bergerre, 79). – Nicht zufällig war Roncalli auch wiederholt in Avignon. Er interessierte sich für die Päpste, die dort residiert hatten, besonders für Johannes XXII. Der Erzbischof von Avignon erzählte später, sein Archivar sei voller Staunen über die Kenntnisse des hohen Besuchers gewesen. Zu Kardinal Feltin sagte der Papst später, er habe seinen Namen auch in Anknüpfung an den XXII. Johannes gewählt (Bergerre, 78f). Übrigens hat Roncalli später auch Konstanz besucht, den Schauplatz der Absetzung Johannes' XXIII., 1415.

200 Roncalli war bereits als er nach Frankreich kam ungewöhnlich korpulent. Es war schwierig, ihn in die Militärmaschine hineinzubringen, die er für die Reise benutzte. Einer der dabei Beteiligten soll danach mit einem Seufzer der Erleichterung geäußert haben: «Sollen sie in Paris zusehen, wie sie ihn wieder herausbringen.» (Bergerre, 105)

201 Fesquet, Humor und Weisheit, 28.

202 Fesquet, a. a. O., 61. – Hannah Arendt erzählt folgende drastische Geschichte: Bei einem Bankett wollte ein Herr den Nuntius in Verlegenheit bringen und ließ die Fotografie einer nackten Frau herumgehen. Roncalli gab das Foto mit der Bemerkung zurück: *Die Frau Gemahlin, nehme ich an.* (Tgb, Taschenbuchausgabe, 367)

203 Giovanetti, 79.

204 Als Pius XII. Roncalli Ende 1957 nach dem Tode von Kardinal Piazza an die Spitze der Konsistorialkongregation stellen wollte, bat dieser, in seinem Amt in Venedig bleiben zu dürfen – und der Papst erfüllte seinen Wunsch (Klausener, 91). – Kardinal Feltin berichtet, er habe den Nuntius nach Eingang der Nachricht seiner Erhebung zum Kardinal «traurig, mißmutig, kummervoll» gefunden. Seine Stimmung schlug erst um, als er erfuhr, daß er für Venedig bestimmt sei (Bergerre, 77f). Tatsächlich wußte Roncalli bereits von seiner Bestimmung, aber Venedig war noch nicht vakant, und so konnte er zunächst auch nicht darüber sprechen.

205 Lorit, 152.
206 Pallenberg, Vatikan, 103.
207 Giovanetti, 167; Aradi, 200.
208 Dahn, 82.
209 Andreotti, 77f.
210 Lorit, 163f.
211 Nikodim, 63.
212 Lorit, 160.
213 Hales, 243ff.
214 Hales, Die große Wende, 273f.
215 Hales, a. a. O., 276.
216 Johannes XXIII., Erinnerungen eines Nuntius, 172.
217 Johannes XXIII., a. a. O., 164f.
218 Johannes XXIII., a. a. O., 170.
219 Pallenberg, Vatikan, 106.
220 Lorit, 167.
221 Giovanetti, 112.
222 Zumindest in den Einzelheiten dürfte der Bericht Bergerres daher nicht zutreffend sein, der verzeichnet, Roncalli sei direkt vom Bahnhof – vom Zug aus Venedig – zum Begräbnis Costantinis geeilt, und er sei von Tisserant, damals Kardinal-Doyen, darauf aufmerksam gemacht worden, daß sein Anzug zu wünschen übrig lasse. «Als Tisserant später veranlaßt wurde, aus der Orientalischen Kongregation auszuscheiden, erinnerten manche daran, daß man vom neuen Papst gesagt habe, er vergesse weder seine Freunde noch die andern.» (Bergerre, 83) Der eigentliche Grund für die an Tisserant gegangene Aufforderung, zurückzutreten, lag in der Absicht des Papstes, eine gleichmäßigere Verteilung der Ämter an der Kurie herbeizuführen; vgl. auch Bergerre, 209.
223 Andreotti, 82f.
224 Giovanetti, 114.
225 Giovanetti, 115.
226 Roncalli, Baronius, 38ff.
227 Giovanetti, 122f.
228 Giovanetti, 123ff; HK, XIII, 113f.
229 Als erster versagte sich Pius XI.

diesem Brauch; er steckte sein Käppchen weg.
230 Breza, 544.
231 Nikodim, 72.
232 Elliott, 233.
233 Breza, 597.
234 Kumpf, 122.
235 Breza, 576.
236 Hebblethwaite, John XXIII, 293 ff.
237 Über Tardinis Einsetzung vgl. Hebblethwaite, John XXIII, 288 ff. – Bergerre berichtet, Roncalli, der – wie jeder in Rom – Tardinis Neigung zu scharfer Kritik gekannt habe, hätte am Tag nach seiner Wahl die Berichte angefordert, die er als Nuntius in Paris geschrieben habe. Man habe im Staatssekretariat eine Nacht damit verbracht, Tardinis Randbemerkungen zu tilgen (Bergerre, 101). Um die Zusammenarbeit von Johannes XXIII. und Tardini, der wie dieser über einen kräftigen Witz verfügte – lakonisch und trocken –, kreisen viele Geschichten. Tardini starb 1961. Als Staatssekretär folgte ihm Kardinal Amleto Cigognani, der Bruder von Kardinal Gaetano Cigognani, der sich im Konklave für die Wahl Roncallis eingesetzt hatte.
238 Kaufmann, Johannes XXIII., 39; Fesquet, Humor und Weisheit, 18 (zit. Küng).
239 Lazzarini, Johannes Paul I., 119.
240 Ottavianis Äußerung zit. nach Hebblethwaite in OR, 1982, Nr. 19, 208; vgl. jetzt auch Hebblethwaite, John XXIII, 283.
241 Ebd.
242 OR, 1982, Nr. 19, 207.
243 Bea, 82.
244 Tgb, 350.
245 OR, 1982, Nr. 19, 207.
246 Andreotti, 89.
247 Gallizia-Faßbinder, 353 f. Der in dieser Darstellung etwas stilisiert wirkende Vorgang wird bei Hebblethwaite, John XXIII, 319 ff, detaillierter beschrieben.
248 Ebd.
249 HK, XIII, 388.
250 Mit allen diesen Ausflügen sind Anekdoten verbunden. Ein Beispiel für alle: Der Papst besuchte in Rom das Krankenhaus zum «Heiligen Geist». Die Oberin kam herbeigeeilt und stellte sich vor: «Heiliger Vater, ich bin die Oberin vom ‹Heiligen Geist›.» – «Haben Sie aber ein Glück – ich bin nur der Stellvertreter Jesu Christi», gab der Papst zurück. (Fesquet, Humor und Weisheit, 43) ähnlich Poupard, 177.
251 Vgl. die Mahnung des Papstes vor «gewissen religiösen Sonderpraktiken» gegenüber dem Klerus von Rom (OR, 1961, Nr. 20, 220).
252 Einen entsprechenden Vorschlag hatte ein greiser Bischof aus Jugoslawien vorgebracht, der trotz seines schlechten Gesundheitszustands, der auf Quälereien in kommunistischer Haft zurückging, auf dem Konzil erschienen war, um für den hl. Joseph zu sprechen. Er wurde im Petersdom, besonders von Kardinal Ruffini, mit wenig Respekt behandelt. Daraufhin verfügte der Papst die Änderung auf Grund seiner Kompetenz. (Rynne, Die zweite Reformation, 153 ff) Eine andere Erklärung besagt, daß der Papst seine Entscheidung traf, um weitergehenden Absichten vorzubeugen, so dem Wunsch der kanadischen Bischöfe nach einem Josephsdogma.
253 Schwaiger, 179.
254 Fesquet, Humor und Weisheit, 17.
255 Schwaiger, 179.
256 Rynne, Die zweite Reformation, 88.
257 V. Galli, 27.
258 Elliott, 284; Hebblethwaite in OR, 1983, Nr. 9, 103 ff.
259 OR, 1983, Nr. 9, 103 ff.
260 Ebd.
261 AAS, LV (1963), 257.
262 HK, XVII, 490.
263 Hales, 241.
264 Fesquet, Humor und Weisheit, 134.
265 Tgb, 311.
266 Aus dem Brevier; Hymnus der Non am Sonntag. Der Papst zitierte diese Gebetsworte auch bei der Besitzergreifung der Lateran-

Basilika, der Kathedrale von Rom, seiner Bischofskirche. Er erinnerte daran, daß man von einer voraussichtlichen nur kurzen Dauer seines Pontifikats ausgehen müsse: *Wir haben nicht das Recht, einen langen Weg vor uns zu sehen.* (HK, XVII, 449)

267 Tgb, 316f.
268 Fleckenstein, 69.
269 Tgb, 343.
270 Elliott, 290.
271 Ebd.
272 Ebd.
273 Elliott, 291.
274 Pallenberg, Paul VI., 189.
275 Elliott, 295.
276 Elliott, 294.
277 Elliott, 293.
278 Ebd.
279 Lazzarini, Johannes Paul I., 125. – Von besonderer Prägnanz sind Worte, die Johannes XXIII. nach Aufzeichnungen Capovillas am 24.5.1963 an Kardinalstaatssekretär Cicognani und dessen rechte Hand, Mgr. Dell'Acqua, gerichtet hat. Sie lauten in der Wiedergabe Kaufmanns: *In Gegenwart meiner Mitarbeiter kommt es mir spontan in den Sinn, den Akt des Glaubens zu erneuern. So ziemt es sich für uns Priester, denn zum Wohl der ganzen Welt haben wir es mit den höchsten Dingen zu tun, und deshalb müssen wir uns vom Willen Gottes leiten lassen. Mehr den je, bestimmt mehr als in den letzten Jahrhunderten, sind wir heute darauf ausgerichtet, dem Menschen als solchem zu dienen, nicht bloß den Katholiken, darauf, in erster Linie und überall die Rechte der menschlichen Person und nicht nur diejenigen der katholischen Kirche zu verteidigen. Die heutige Situation, die Herausforderung der letzten 50 Jahre und ein tieferes Glaubensverständnis haben uns mit neuen Realitäten konfrontiert, wie ich es in meiner Rede zur Konzilseröffnung sagte. Nicht das Evangelium ist es, das sich verändert; nein, wir sind es, die gerade anfangen, es besser zu verstehen. Wer ein recht langes Leben gehabt hat, wer sich am Anfang dieses Jahrhunderts den neuen Aufgaben einer sozialen Tätigkeit gegenübersah, die den ganzen Menschen beansprucht, wer wie ich 20 Jahre im Orient und 8 in Frankreich verbracht hat und auf diese Weise verschiedene Kulturen miteinander vergleichen konnte, der weiß, daß der Augenblick gekommen ist, die Zeichen der Zeit zu erkennen, die von ihnen gebotenen Möglichkeiten zu ergreifen und in die Zukunft zu blicken. Sehr viel stärker als in dem nach dem Tode von Johannes XXIII.* veröffentlichten, neun Jahre früher entstandenen «Geistlichen Testament» erkennt Kaufmann in diesem Selbstzeugnis des schwerkranken Papstes «die Summe seines Lebens», ein «letztes Vermächtnis»: «Dessen inhaltliche Authentizität ist nicht zu bezweifeln, auch wenn wir keine Garantien in Händen haben, daß es sich um eine bis ins letzte ‹wortgetreue› Niederschrift handelt. Immerhin lassen sich Konvergenzen im Vokabular mit einer Reihe von früheren persönlichen und amtlichen Äußerungen des Papstes feststellen. Vor allem aber werden sehr präzis und sehr persönlich wesentliche Ereignisse seiner Biographie und Laufbahn zusammengefaßt, und zwar in der Perspektive einer Weitervermittlung seines Glaubens an die Kirche. Die Verbindung des Persönlichen mit dem Universellen ist das Faszinierende an diesem Text, wie ihn uns Capovilla im Rahmen seiner Aufzeichnungen ohne Aufhebens übermittelt hat.» (Kaufmann/Klein, Johannes XXIII., S. 24f).
280 Poupard, 167; über den Besuch von Erzbischof Fisher im Vatikan.
281 Capovilla, Johannes XXIII., 219 ff.
282 Poupard, 167.

Zeittafel

1881	25. November: Angelo Giuseppe Roncalli in Sotto il Monte geboren und am gleichen Tag getauft
1888	Erstkommunion in Sotto il Monte
1889	13. Februar: Firmung in Carvico. Besuch der unteren Volksschulklassen in Sotto il Monte
1889	Einige Monate externer Schüler am Bischöflichen Kolleg in Celana
1892–1895	Knabenseminar Bergamo
1895–1900	Priesterseminar Bergamo
1900	Pilgerfahrt nach Rom mit Besuch (20. September) von Loreto und Assisi
1901	4. Januar: Rom, Stipendiat im Cerasoli-Kolleg (Apollinare). – 30. November: Beginn des Militärjahres in Bergamo
1902	Dezember: Wiederaufnahme des Studiums in Rom
1903	18. Dezember: Diakonatsweihe in St. Johann im Lateran
1904	13. Juli: Promotion zum Doktor der Theologie. – 10. August: Priesterweihe. – 15. August: Heimatprimiz
1905	Sekretär des neuernannten Bischofs von Bergamo Radini Tedeschi
1906	September–Oktober: Pilgerfahrt ins Heilige Land. Zahlreiche Reisen auch in den folgenden Jahren als Sekretär des Bischofs. Professor für Kirchengeschichte, später auch für Apologetik und Patrologie am Seminar in Bergamo
1914	22. August: Tod des Bischofs
1915	24. Mai: Einberufung als Sanitätsunteroffizier
1916	28. März: Feldkaplan in Bergamo
1918	10. Dezember: Spiritual des Priesterseminars in Bergamo
1920	10. Dezember: Berufung nach Rom an die Kongregation für die Glaubensverbreitung (Propaganda Fide)
1921	13. März: Ehrendomherr von Bergamo. – 7. Mai: Päpstlicher Hausprälat. Zahlreiche Reisen (bis 1924)
1924	November: Professor für Patristik am Lateran-Seminar
1925	3. März: Titularerzbischof und Apostolischer Visitator in Bulgarien. – 19. März: Bischofsweihe. – 25. April: Ankunft in Sofia. Visitationsreisen in Bulgarien
1927	Aufenthalte in der Türkei und in Jugoslawien
1929	Aufenthalte in der Tschechoslowakei, Polen und Deutschland
1931	Apostolischer Delegat in Bulgarien
1935	Administrator des Vikariats Konstantinopel und Delegat in der Türkei und in Griechenland. Amtssitz: Istanbul, von dort zahlreiche Reisen nach Griechenland. – 28. Juli 1935: Tod des Vaters
1939	20. Februar: Tod der Mutter
1944	22. Dezember: Apostolischer Nuntius in Frankreich
1950	18. März–25. April: Reise durch Nordafrika und Spanien. – Zahlrei-

	che weitere Reisen, vor allem in Frankreich, während der ganzen Dienstzeit als Nuntius
1953	12. Januar: Kreierung zum Kardinal. – 15. Januar: Ernennung zum Patriarchen von Venedig. – 15. März: Feierlicher Einzug in Venedig. – 4. Oktober: In Assisi. – 29. Oktober: In Castel Gandolfo.
1954	2. September: Trauerrede bei der Beisetzung von Kardinal Schuster (Mailand). Mgr. Montini neuer Erzbischof von Mailand. – 20.–31. Oktober: Als Päpstlicher Legat beim Marianischen Kongreß in Beirut.
1955	13. Dezember: Trauerrede bei der Beisetzung von Erzbischof Nogara (Udine).
1956	16. Mai: In Paris (Hundertjahrfeier der «Oueuvre d'Orient». – 7. Oktober: Teilnahme an der Seligsprechung Innozenz' XI. in Rom.
1957	29. August: In Assisi. – 8. Dezember: Beendigung der 1954 begonnenen Pastoralvisitation der Diözese.
1958	Mai: Letzter Aufenthalt in Frankreich (Lourdes, Paris). – 9. Oktober: Tod Pius' XII. – 12. Oktober: Abreise von Venedig zum Konklave. – 28. Oktober: Wahl zum Papst. – 4. November: Krönung in St. Peter. – 23. November: Besitzergreifung der Lateranbasilika (Bischofskirche von Rom). – 15. Dezember: Erstes Konsistorium (23 neue Kardinäle).
1959	25. Januar: Ankündigung des Konzils in der Abtei St. Paul vor den Mauern. – 29. Juni: Enzyklika *Ad Petri Cathedram*. – Dwight D. Eisenhower im Vatikan.
1960	24.–31. Januar: Römische Diözesansynode. – 28. März: Konsistorium (10 neue Kardinäle, darunter ein Japaner und ein Afrikaner.) – 5. Juni: Errichtung des Sekretariats zur Förderung der Einheit der Christen (Leitung: Kardinal Bea). – 2. Dezember: Empfang von Erzbischof Fisher, Primas der Anglikanischen Kirche im Vatikan
1961	15. Mai: Enzyklika *Mater et Magistra*. – Tod des Staatssekretärs Kardinal Tardini
1962	11. Oktober: Eröffnung des Zweiten Vatikanischen Konzils. – 25. Oktober: Friedensbotschaft anläßlich der Kuba-Krise. – Die tödliche Erkrankung wird erkennbar. – 8. Dezember: Abschluß der ersten Sitzungsperiode des Konzils
1963	10. Februar: Empfang des aus sowjetischer Haft entlassenen Erzbischofs Slipyi. – 7. März: Audienz für Alexej Adschubej. – 11. April: Enzyklika *Pacem in Terris*. – 3. Juni: Tod des Papstes

Zeugnisse

Robert Rouquette
So war dieser Mensch beschaffen, zugleich einfach und komplex, von Temperament traditionell und fast gegen seinen Willen ein kühner Neuerer. Wir sagten es zu Beginn, schon zu Lebzeiten ist seine Gestalt legendär geworden, und nach seinem Tode entsteht ein Mythos, den wir zu erklären versuchten. Aber dennoch ist der Mythos nicht trügerisch, er überträgt die Wahrheit in rohe und kräftige Farben ohne Zwischentöne. Halten wir fest, daß Johannes XXIII. ein Gottesmann war, demütig, gut, einfach, einzigartig in seinem Verlangen, Christus, der Kirche und den Menschen zu dienen. Er fand spontan, ohne ihn gesucht zu haben, unter dem barocken Pomp des Vatikans den Weg zu den Herzen der Menschen von heute.
«Das Geheimnis Roncalli». 1963

Giovanni Battista Montini (Paul VI.)
Johannes XXIII. hat der Kirche ein tieferes Bewußtsein ihrer selbst vermittelt und der Sendung, die Christus in ihr fortsetzt. Er hat in ihrem Schoße ungeheure geistliche Energien geweckt, die sie lebendig und jung erscheinen lassen. Wir müssen diesen Pontifikat betrachten als ein großes Phänomen einer inneren katholischen Wiedergeburt und der äußeren Ermöglichung des Gesprächs und des gemeinsamen Verlangens nach dem Heil. [...] Die Bürger dieser Welt haben in ihm einen Freund der Menschheit erkannt.
«Corriere della Sera», 4. Juni 1963

Stefan Kardinal Wyszyński
Er war mit einem außerordentlichen Feingefühl für das menschliche Leben begabt [...] und betrachtete es mit dem Auge eines Historikers, indem er die einzelnen Erscheinungen, Eindrücke und Ereignisse in einer weiten allgemeinen Synthese zusammenfaßte [...] Er hatte eine echt christliche Denkungsart und dazu einen natürlichen Charme [...] Und er strömte Güte und Weisheit aus.
«L'Osservatore Romano», 17. November 1963

Augustin Kardinal Bea
Hier ist auch der Ort, von seinem Verhalten denen gegenüber zu berichten, die seinen Plänen und Wünschen widerstrebten. Mehr als einmal –

ich habe sichere Kunde darüber – war er zutiefst überzeugt, daß eine solche Opposition ungerechtfertigt war und schlechte Wirkungen zeitigte. Dennoch zweifelte er nie an der guten Absicht und dem guten Willen der Opponenten. Er verzieh ihnen, versuchte ihre Handlungen und Motive im besten Sinne zu deuten und trat ihnen mit väterlicher Geduld und Liebe gegenüber. Niemals kam ich aus einer Audienz, ohne von seiner Persönlichkeit und seinem Wesen tief beeindruckt zu sein. Er war so weitherzig, so duldsam und langmütig und dennoch so fest, so unbeugsam in seinen Grundsätzen und Zielen. So habe ich ihn kennengelernt, und ich habe ihn bewundert als einen Mann groß in seiner Demut und demütig in seiner Größe.

«Einheit in Freiheit». 1964

Nikodim, Erzbischof von Leningrad und Nowgorod
Die christliche Liebe, die den Papst zutiefst erfüllte, war für ihn bei weitem kein abstrakter Begriff. Es ist nicht einfach, die Menschen nüchtern zu beurteilen, sie gut zu kennen und gleichzeitig zu lieben. Doch bei ihm geschah dies völlig selbstverständlich. Und gerade in dieser Kombination von realistischem Scharfblick und Herzensgüte liegt die Größe und der Zauber seiner Persönlichkeit.

«Johannes XXIII.». 1978

Ludwig Kaufmann
Nur in dieser allerersten Konkretheit und Tatsächlichkeit des ärmlichen bäuerlichen Menschen kommen wir dem «Geheimnis Roncalli» auf die Spur, dem Geheimnis, das er mit sich ins Grab nahm, das dann aber alsbald aufblühen sollte: das Geheimnis einer Kultur der Armen, das Geheimnis eines Evangeliums der Armen, das Geheimnis einer Kirche der Armen.

Johannes XXIII.». 1984

Bibliographie

Über Johannes XXIII. und seinen Pontifikat existiert bereits eine umfangreiche, in Zielsetzung und Anspruch höchst unterschiedliche Literatur, jedoch keine Bibliographie. Eine Zusammenfassung des Wesentlichen (mit zweckdienlichen Erläuterungen) aus dem italienischen, englischen und französischen Sprachraum – der deutsche ist fast unberücksichtigt geblieben –, darunter auch Werke zu übergreifenden Themen und wenig bekannte biographische Quellen bietet die Biographie von Peter Hebblethwaite, «John XXIII. Pope of the Council», London 1984, p. 505–519. Wichtige neuere Editionen und Forschungsbeiträge verzeichnen Ludwig Kaufmann/Nikolaus Klein in ihrem Buch «Johannes XXIII. Prophetie im Vermächtnis», Friburg, Brig 1990.

Die folgenden Literaturangaben beschränken sich weitgehend auf das engere biographische Umfeld unter vermehrter Berücksichtigung deutschsprachiger Darstellungen bzw. Übersetzungen.

Quellen

Angelo Roncalli, Baronius. Einsiedeln 1963 (Italienischer Neudruck: Il Cardinale Cesare Baronio. Roma 1961 = Edizioni di Storia e Letteratura)

Johannes XXIII., Geistliches Tagebuch und andere geistliche Schriften. Freiburg/Basel/Wien 1963 (Il Giornale dell'Anima e altri scritti di pietà. Roma 1964 = Edizioni di Storia e Letteratura)

Johannes XXIII., Erinnerungen eines Nuntius. Freiburg, Basel, Wien 1965 (Souvenirs d'un nonce. Cahiers de France 1944–1953. Roma 1963 = Edizioni di Storia e Letteratura). Die «als Manuskript» gedruckte historisch-kritische Ausgabe: Angelo Giuseppe Roncalli / Giovanni XXIII., Il Giornale dell'Anima. Diari e scritti spirituali. Edizione critica ed annotazione a cura di Alberto Melloni. Bologna 1987

Johannes XXIII., Brevier des Herzens. Geistliche Wegleitung durch das Jahr. Mit einem Geleitwort von Julius Kardinal Döpfner. Frankfurt a. M. 1967

Johannes XXIII., Briefe an die Familie. 2 Bde. Freiburg/Basel/Wien 1969 (Lettere ai Familiari, voll. 2 [1901–1962], a cura di Loris F. Capovilla. Roma 1968 = Edizioni di Storia e Letteratura)

Angelo Roncalli, Mons. Giacomo Maria Radini Tedeschi – Vescovo di Bergamo. Terza Edizione. Roma 1963 (= Edizioni di Storia e Letteratura)

Gli Atti della visita apostolica di S. Carlo Borromeo a Bergamo (1575), voll. 5, a cura di Angelo Giuseppe Roncalli e Pietro Forno. Firenze 1936, 1937, 1938, 1946, 1957

Angelo Gius. Card. Roncalli, Scritti e Discorsi, voll. 4 (1953–1958). Roma 1959–1962

Discorsi, Messaggi, Colloqui del S. Padre Giovanni XXIII. voll. 5 (1958–1963) più il volume degli indici. Cittàdel Vaticano 1960–1967

Giovanni XXIII. in alcuni scritti di Don Giuseppe de Lucca con un saggio di corrispondenza inedita. Premessa e note di Don Loris Capovilla. Brescia 1963

Angelo G. Roncalli, Lettere dall'Oriente e altre inedite. A cura di Crispino Valenziano. Brescia 1968

Giovanni XXIII., Lettere 1958–1963. In appendice documenti e appunti vari. A cura di Loris Francesco Capovilla. Roma 1978 (= Edizioni di Storia e Letterature) Giovanni e Paolo, due Papi. Saggio di Corrispondenza (1925–1962). A cura di Loris F. Capovilla. Roma 1982

Giovanni XXIII., Il Pastore. Corrispondenza dal 1911 al 1963 con i preti des sacro cuore di Bergamo. Introduzione ed annorazione di Giambattista Busetti. Padova 1982

Darstellungen

Aimé-Azam, Denise: L'Extraordinaire Ambassadeur. Paris 1967

Alberigo, Giuseppe u. Angelina: Giovanni XXIII. Profezia nella fedeltá. Brescia 1978

Alberigo, Giuseppe u. a.: Fede, tradizione, profezia. Studi su Giovanni XXIII e sul Vaticano II. Brescia 1984 (= Testi e ricerche di Scienze religiose. 21)

Alberigo, Giuseppe (Hg.): Papa Giovanni. Bari 1987

Giovanni XXIII. Transizione del papato e della Chiesa. Rom 1988

Algisi, Leone: Johannes XXIII. München 1960 (Giovanni XXIII. Torino 1959; III edizione ampliata 1964)

Andreotti, Giulio: Johannes XXIII. In: G. A., Meine sieben Päpste. Begegnungen in bewegten Zeiten. Freiburg, Basel, Wien 1982, S. 67–114 (A ogni morte di Papa. I Papi che ho conosciuto. Milano 1980)

Aradi, Zsolt: Der XXIII. Johannes. Werden und Wirken des Papstes Angelo Roncalli. München 1960 (Neubearbeitung von: Pope John XXIII. An Authorative Biography. New York 1959)

Arendt, Hannah: Der christliche Papst. Bemerkungen zum «Geistlichen Tagebuch» Johannes XXIII. In: Merkur. Deutsche Zeitschrift für europäisches Denken 20 (1966), 4, S. 362–372 (Wiederabdruck als Nachwort in: Johannes XXIII., Geistliches Tagebuch, Freiburg/Basel/Wien 1968 = Herder Bücherei. 304/05, S. 361–372)

Aretin, Karl Otmar von: Papsttum und moderne Welt. München 1970 (= Kindlers Universitäts Bibliothek)

Balducci, Ernesto: Papa Giovanni. Firenze 1964

Baumann, Richard: Der Berg vor dem Konzil oder ein anderes Evangelium. Tübingen (1960)

Ein Lutheraner im Vatikan. Ökumenische Gespräche. Essen (1962)

Von Johannes zu Paulus. Bericht über eine neue Romfahrt. München 1963

Bea, Augustin Kardinal: Einheit in Freiheit. Betrachtungen über die menschliche Familie. Stuttgart, Berlin o. J. (Unity in Freedom. Reflections on the Human Family. New York and Evanstone 1964)

Bergerre, Max: Ich erlebte vier Päpste. Ein Journalist erinnert sich. Freiburg/Basel/Wien 1979 (Quatre papes, un journaliste. Paris 1978)

Bertoli, Bruno: La Questione Romana negli Scritti di Papa Giovanni. Brescia 1970

Bonnot, Bernard R.: Pope John XXIII., An Astute Pastoral Leader, New York 1979

Bosco, Teresio: Papa Giovanni. Torino 1983

Breza, Tadeusz: Das eherne Tor. Römische Aufzeichnungen. Neuwied am Rhein und Berlin-Spandau 1961 (Spizowa brama. Warschau 1960)

Brosch, Joseph: Im Wechsel der Menschen und Zeiten. Zum 5. Jahrestag des Todes von Papst Johannes XXIII. am 3. Juni 1968. In: echo der zeit, 2. Juni 1968, Nr. 22, S. 7.

Capovilla, Loris: Johannes XXIII. Papst des Konzils, der Einheit und des Friedens. Nürnberg und Stuttgart 1963. (Giovanni XXIII. Cittá del Vaticano 1963) L'ite missa est di Papa Giovanni. Padua/Bergamo 1983
Chaigne, Louis: Portrait de Jean XXIII. Paris 1964
Cousins, Norman: The Improbable Triumvirate. In: The Saturday Review. 30. Oktober 1971
Cugini, Davide: Papa Giovanni nei suoi primi passi a Sotto il Monte. Bergamo 1965
Dahm, P. Chrysostomus: Johannes XXIII. Offenburg/Baden 1961
De Rosa, Gabriele: Angelo Roncalli und Radini Tedeschi. In: Giacomo Kardinal Lercaro, Johannes XXIII. Entwurf eines neuen Bildes. Freiburg/Basel/Wien 1967, S. 39–63
Diethelm, Walther: Was wird aus Angelo? Das Leben von Papst Johannes XIII. der Jugend erzählt. Luzern und Stuttgart ²1964
Dreyfus, Paul: Jean XXIII. Paris 1979
Elliott, Lawrence: Johannes XXIII. Das Leben eines großen Papstes. Freiburg/Basel/Wien 1974 (I will be called John. New York 1973)
Falconi, Carlo: Pope John and his council. London 1964.
Fesquet, Henri: Ich bin ja nur der Papst. Humor und Weisheit Johannes' XXIII. Freiburg 1970. (Les fioretti du bon pape Jean. Paris 1964)
Fleckenstein, Karl-Heinz: Für die Kirche von Morgen. Im Gespräch mit Kardinal Suenens. München, Zürich 1979
Fumagalli, Camillo: Dello stemma di Papa Giovanni XXIII – La Genealogia dei Roncalli – Ronco e roncaglia. In: Ateneo di Bergamo, Giovanni XXIII. Testimonianze di Accademici bergamaschi. Bergamo 1969, S. 11-22
Una udienza di Papa Roncalli. In: Ateno di Bergamo, Giovanni XXIII. Testimonianze di Accademici bergamaschi. Bergamo 1969, S. 77–80
Galli, Mario von / Moosbrugger, Bernhard: Das Konzil. Ein Bild- und Textbericht. Mainz o. J.
Gallizia-Fassbinder, Ilsemarie: Humanitas und Pietas. Zur geistigen Gestalt des Roncalli-Papstes. In: Hochland 58 (1965/1966), 4, S. 345–354
Gambirasio, Giacinto: Dolcezza di stile nella corrispondenza confidenziale del Patriarca Roncalli. In: Ateneo di Bergamo, Giovanni XXIII. Testimonianze di Accademici bergamaschi. Bergamo 1969, S. 35–41
Garrett, Randall: Papst Johannes XXIII. Ein Lebensbild. München 1963 (Pope John XXIII. Pastoral Prince. Derby/Conn. 1962)
Giovanetti, Alberto: Unser Hl. Vater Johannes XXIII. Freiburg i. d. Schweiz 1959
Hales, E. E. Y.: Die große Wende. Johannes XXIII. und seine Revolution. Graz, Wien 1966 («Pope John and his Revolution». London 1965)
Pius IX. Europäische Politik und Religion im 19. Jahrhundert. Graz, Wien (1957) (Pio Nono. A study in European politics and Religion in the nineteenth century. London)
Hausenstein, Wilhelm: Pariser Erinnerungen. Aus fünf Jahren diplomatischen Dienstes 1950–1955. München 1961 [Über Nuntius Roncalli, S. 37 f]
Hebblethwaite, Peter: Eine von Gottes Überraschungen [über Papst Johannes' Konzilsplan]. In: Orientierung 46 (1982), Nr. 19, S. 207–213
Johannes XXIII. Das Leben des Angelo Roncalli. Zürich/Einsiedeln/Köln 1986 (John XXIII. Pope of the Council. London 1984)
H(eim, B(runo) B.: Die Roncalli-Wappen. In: Heinrich A. Mertens (Hg.), Ich bin Joseph euer Bruder. Recklinghausen 1959, S. 87–90
Angelo Giuseppe Roncalli – ein Porträt. In: Heinrich A. Mertens (Hg.), Ich bin Joseph euer Bruder. Recklinghausen 1959, S. 148–154
Helbling, Hanno: Das Zweite Vatikanische Konzil. Ein Bericht. Basel (1966) (= Begegnung. 10)
Politik der Päpste. Der Vatikan im Weltgeschehen 1958–1978. Berlin/Frankfurt a. M./Wien 1981

Herder-Korrespondenz (Orbis Catholicus). Freiburg i. B.
HERGEMÖLLER, BERND-ULRICH: Die Geschichte der Papstnamen. Münster 1980
HERMELINK, HEINRICH: Die katholische Kirche unter den Pius-Päpsten des 20. Jahrhunderts. Zollikon – Zürich 1949
HEUFELDER, EMMANUEL MARIA: Papst Johannes und das XXI. Konzil. In: HEINRICH A. MERTENS (Hg.), Ich bin Joseph euer Bruder. Recklinghausen 1959, S. 155–163
HILDESHEIMER, WOLFGANG: Exerzitien mit Papst Johannes. In: W. H., Exerzitien mit Papst Johannes. Vergebliche Aufzeichnungen. Frankfurt am Main 1979, S. 117–140 (= Bibliothek Suhrkamp. 647)
Capovilla. In: W. H., Exerzitien mit Papst Johannes. Vergebliche Aufzeichnungen. Frankfurt am Main 1979, S. 107–115 (= Bibliothek Suhrkamp. 647)
HÜNERMANN, WILHELM: Der Pfarrer der Welt. Das Leben Johannes XXIII. Innsbruck/Wien/München (1967)
JEDIN, HUBERT: Das II. Vatikanische Konzil in historischer Sicht. In: H. J., Kirche des Glaubens – Kirche der Geschichte. Ausgewählte Aufsätze und Vorträge. Bd. 2: Konzil und Kirchenreform. Freiburg/Basel/Wien 1966, S. 589–603
Johannes XXIII., Leben und Werke. Eine Dokumentation in Text und Bild. Hg. von der «Herder-Korrespondenz». Freiburg/Basel/Wien 1963 (= Herder-Bücherei. 165)
JOHNSON, PAUL: Pope John XXIII. London 1975
KARRER, OTTO: Das Zweite Vatikanische Konzil. Reflexionen zu seiner geschichtlichen und geistlichen Wirklichkeit. München (1966)
KAUFMANN, LUDWIG: Johannes XXIII.: Nachfolge statt Nachahmung. Zum Erfahrungshintergrund seiner Eröffnungsansprache [zum Konzil]. In: Orientierung 46 (1982), Nr. 19, S. 209–210
KAUFMANN, LUDWIG: Johannes XXIII. in: L., K., Damit wir morgen Christ sein können. Vorläufer im Glauben. Freiburg/Basel/Wien 1984
KAUFMANN, LUDWIG / KLEIN, NIKOLAUS: Johannes XXIII. Prophetie im Vermächtnis. Fribourg/Brig 1990
KERDREUX, MICHEL DE: Johannes XXIII. in der Nachfolge Christi. Thomas von Kempen und Therese von Lisieux als Leitbilder eines Papstes. (Kevelaer 1965) (Par le même sentier. Essai sur la physiognomie spirituelle de Jean XXIII. Mulhouse)
KLAUSENER, ERICH: Von Pius XII. zu Johannes XXIII. Berlin 1958
KLINGER, KURT: Ein Papst lacht. Die gesammelten Anekdoten um Johannes XXIII. Frankfurt a. M. (1963)
KOCK, ERICH: Pastor Bonus – Nuntius Roncalli unter Gefangenen. In: HEINRICH A. MERTENS (Hg.), Ich bin Joseph euer Bruder. Recklinghausen 1959, S. 58–63
KÖNIG, FRANZ KARDINAL: Glaube ist Freiheit. Erinnerungen und Gedanken eines Mannes der Kirche. Wien, München 1981 (L'Église est liberté. Paris 1980)
KÜHNER, HANS: Lexikon der Päpste. Von Petrus bis Johannes XXIII. Frankfurt/M. 1960 (= Fischer Taschenbuch. 315)
KÜNG, HANS: Kirche im Konzil. Freiburg/Basel/Wien 1963 (= Herder-Bücherei. 140)
LAZZARINI, ANDREA: Johannes XXIII. Das Leben des neuen Papstes. Freiburg 1958 (Giovanni XXIII – La vita di Roncalli. Roma 1958)
LENZ-MEDOC, PAULUS: Nuntius Angelo Giuseppe Roncalli. Erinnerungen. In: Hochland 51 (1958/59), 6, S. 497–507
Papst Johannes XXIII. und die Deutschen. In: HEINRICH A. MERTENS (Hg.), Ich bin Joseph euer Bruder. Recklinghausen 1959, S. 164–178
LERCARO, GIACOMO KARDINAL: Johannes XXIII. Entwurf eines neuen Bildes. (Mit einem Anhang: Angelo Roncalli und Radini Tedeschi von Gabriele De Rosa und Auszügen aus Werken Johannes' XXIII.) Freiburg/Basel/Wien 1967 (Giovanni XXIII – Linee per una ricerca storica. Roma 1965)

Lomax, Benedikt (d. i. Peter Hebblethwaite): Pope John's Ostpolitik. In: The Month, September 1974, S. 691–696
(Lorit, Sergio C.): S. Lorit erzählt das Leben von Papst Johannes. München 1967 (La vita raccontata di papa Giovanni. Roma 1965)
Meinhold, Peter: Der evangelische Christ und das Konzil. Freiburg 1961
Melloni, Alberto: Il modello di Carlo Borromeo negli studi e nell' esperienza di Angelo Giuseppe Roncalli. In: Rivista di storia e letteratura religiose 23 (1987), S. 68–114
Mertens, Heinrich A. (Hg.): Ich bin Joseph euer Bruder. Chronik/Dokumente/Perspektiven zum Leben und Wirken Papst Johannes XXIII. Recklinghausen 1959
Moeller, Charles: Jules Isaac et Jean XXIII. In: Jules Isaac. Actes du Colloque de Rennes 1977. Paris 1979
Müller, J.: Die Kirche und die Einigung Europas. Dokumentierte Darlegung. Saarbrücken 1955
Müller-Welser, Wolfgang M.: Angelo Giuseppe Roncalli Papst Johannes XXII. Kevelaer (1967)
Nikodim, Metropolit von Leningrad und Nowgorod: Johannes XXIII. Ein unbequemer Optimist. Hg. von Robert Hotz. Zürich, Einsiedeln 1978
Orientierung. Katholische Blätter für weltanschauliche Information, Zürich
Nürnberger, Aug. Jos.: Papsttum und Kirchenstaat. Bd. 1: Vom Tode Pius VI. bis zum Regierungsantritt Pius IX. (1800–1846); Bd. 2: Reform, Revolution und Restauration unter Pius IX. (1847–1850); Bd. 3: Der Kirchenstaat und Piemont (1850–1870). Mainz 1897–1900
Pallenberg, Corrado: Hinter den Türen des Vatikan. München 1961 (The Vatican from Within. London)
Paul VI. Schlüsselgestalt eines neuen Papsttums. München 1965
Pastor, Ludwig Frh. von: Geschichte der Päpste seit dem Ausgang des Mittelalters. Freiburg/Br. 16 Bde. (in 22 Bdn.) 1886–1933
Pecher, Erich: Johannes XXIII. Eine Bildbiographie. München 1958
Pepper, Curtius Bill: Freundschaft mit dem Papst. Nach den persönlichen Erinnerungen von Giacomo Manzù an Johannes XXIII. Berlin/Frankfurt a. M./Wien 1968 (An Artist and the Pope, based upon the personal recollections of Giacomo Manzù. Illustrations by Manzù. New York 1968)
Picker, Henry: Johannes XXIII. Der Papst der christlichen Einheit und des 2. vaticanischen Konzils. Kettwig 1963
Poupard, Paul: Wozu ein Papst? Von Petrus zu Johannes Paul II. Paderborn 1982 (Un pape pour quoi faire? Paris 1981)
Quardt, Robert: Mensch unter Menschen. Aus dem Leben des Papstes Johannes XXIII. Kevelaer 1959
Raffalt, Reinhard: Ein Römischer Herbst. München (1958)
Wohin steuert der Vatikan. Papst zwischen Religion und Politik. München 1973
Righi, Vittore Ugo: Papa Giovanni sulle rive des Bosforo. Padova 1971
Rinaldi, Giovanni: Un quadro storico del cinquecento nell' opera del Cardinale angelo G. Roncalli. Bergamo 1960
Roegele, Otto B.: Dolce stil nuovo. In: Heinrich A. Mertens (Hg.), Ich bin Joseph euer Bruder. Recklinghausen 1959, S. 107–111
Ross, Werner: Der Pfarrer der Welt. In: Hochland 55 (1962/63), 6, S. 575–578
Rouquette, Robert: Das Geheimnis Roncalli. In: Dokumente. Zeitschrift für übernationale Zusammenarbeit 19 (1963), 4, S. 251–260 (Le mystère Roncalli. In: Études 318, 1963, Nr. 7–8, S. 4–18)
Rynne, Xavier (d. i. Francis Xavier Murphy): Die zweite Reformation. Die erste Sitzungsperiode des Zweiten Vatikanischen Konzils. Entstehung und Verlauf. Köln/Berlin 1964 (Letters from Vatican City. New York/London 1963)
Briefe aus dem Vatikan. Die zweite Sitzungsperiode des Zweiten Vatikanischen

Konzils. 29. September – 4. Dezember 1963. Köln/Berlin 1965 (The Second Session. New York/London 1963)
Die dritte Sitzungsperiode Debatten und Beschlüsse des Zweiten Vatikanischen Konzils. 14. September – 21. November 1964. Köln/Berlin 1965 (The Third Session. New York/London 1964)
Die Erneuerung der Kirche. Die vierte Sitzungsperiode des Zweiten Vatikanischen Konzils. 14. September – 8. Dezember 1965. Köln/Berlin 1967 /The Fourth Session. New York/London 1965)

SCHMIDLIN, JOSEF: Papstgeschichte der Neuesten Zeit. 4 Bde. München 1933–1939

SCHMIDT, S.: Giovanni XXIII e il Segretariato per l'unione dei chreistiani. In: Cristianesimo nella storia 8 (1987), S. 95–117

SCHNEIDER, P. BURKHART: Pius XII. – Friede, Werk der Gerechtigkeit. Göttingen 1968

SEEBER, DAVID ANDREAS: Das Zweite Vaticanum. Konzil des Übergangs. Freiburg/Basel/Wien 1966 (= Herder-Bücherei. 260/261)

SEELMANN-EGGEBERT, ULRICH: Der Kardinal und die Künste. In: HEINRICH A. MERTENS (Hg.), Ich bin Joseph euer Bruder. Recklinghausen 1959, S. 65–67

SEIBEL, WOLFGANG: Johannes XXIII. Der Papst des Überganges in eine neue Zeit. Würzburg 1964

SERAFIAN, MICHAEL (d. i. Malachi Martin): Der Pilger oder Konzil und Kirche vor der Entscheidung. Hamburg 1964 (The Pilgrim. New York 1964)

STEHLE, HANSJAKOB: Die Ostpolitik des Vatikans. 1917–1975. München, Zürich 1975

TANZELLA, PAOLO: Papa Giovanni. Napoli/Roma/Andria

TARDINI, DOMENICO KARDINAL: Pius XII. Als Oberhirte, Priester und Mensch. Freiburg, Basel 1961 (Pio XII. Città del Vaticano 1960)

TORRI, TANCREDI: Il Prof. Angelo Giuseppe Roncalli Accademico bergamasco. In: Ateneo di Bergamo, Giovanni XXIII. Testimonianze di Accademici bergamaschi. Bergamo 1969, S. 43–57

TREVOR, MERIOL: Pope John. London/Melbourne/Toronto 1967

TROLL, HILDEBRAND: Die Papstweissagung des hl. Malachias. Ein Beitrag zur Lösung ihres Geheimnisses. Aschaffenburg 1961 (= Bibliothek Ekklesia. 21)

UBOLDI, LEONILDA: Da Sotto il Monte al Vaticano. Milano 1967

VITALI, MARTINO: I memori giorni degli ex-Allievi de Papa Roncalli. Bergamo 1963
Don Angelo Roncalli e la «Casa degli Studenti» in Bergamo Alta. In: Ateneo di Bergamo Giovanni XXIII. Testimonianze di Accademici bergamaschi. Bergamo 1969, S. 59–66

WALTER, OTTO: Pius XII. Leben und Persönlichkeit. Olten [10]1958

WENGER, ANTOINE: Vatican II – Premiére Session. Paris 1963

WILLIAM, FRANZ MICHEL: Vom jungen Angelo Roncalli (1903–1907) zum Papst Johannes XXIII. (1958–1963). Innsbruck 1967

WIRTZ, HANS: Quo vadis Ecclesia? Von Kaiser Konstantin zum II. Vatikankonzil. Gundershausen über Darmstadt (1966)

WUCHER, ALBERT: Von Petrus zu Paul. Weltgeschichte der Päpste. Frankfurt am Main 1970

ZIZOLA, GIANCARLO: Rapporti tra Moro e Giovanni XXIII. In: Panorama, 10. u. 17. 5. 1982
Giovanni XXIII. La fede e la politica. Roma, Bari 1988

Namenregister

Die kursiv gesetzten Zahlen bezeichnen die Abbildungen

Abetz, Otto 89
Adschubej, Alexej 130, 131
Agagianian, Kardinal Gregor Peter 107, 110, 112
Agostini, Kardinal Carlo 96, 98
Aldobrandino, Kardinal Pietro 111
Alexander 36, 51
Andreotti, Giulio 99, 110, 121
Antonius von Padua 26, 36
Arendt, Hannah 30
Aringhi, Paolo 29
Atatürk, Kemal 85
Auriol, Vincent 96, *97*

Bacci, Mgr. 115
Bach, Johann Sebastian 52
Bacon, Francis 66
Barbarigo, Gregor 52
Baronius, Kardinal Cäsar 26f, 29f, 32, 66, 110f, *32*
Barth, Karl 15
Bea, Kardinal Augustin 79, *127*
Benigni, Prälat 67
Beauduin, Lambert 78, 82
Benedikt XV. (Giacomo Marchese della Chiesa) 24, 68, 72, 73, 74, 126, *69*
Bernanos, Georges 23
Bernardin 36
Bernareggi, Mgr. 41
Bernini, Giovanni Lorenzo 135
Bevilacqua, Kardinal Giulio 53
Bidault, Georges 96, 102
Bolis, Pietro 47 f
Böll, Heinrich 7
Bonardi, Luigi 48
Borghese, Camillo s. u. Paul V.
Boris III., Zar 81, 84, 87, *83*
Borowoj, Witali 136
Borromeo, Kardinal Carlo 26, 48, 52, 81, 115
Borromeo, Kardinal Federigo 38

Bortignon, Girolamo Bartolomeo 117
Bosschaerts, Constantine 80
Breza, Tadeusz 115
Bugarini, Vincenzo 54, 61, 73
Buonaiuti, Ernesto 54, 58, 66, 78

Caesar, Gaius Iulius 48, 49, 50
Canali, Kardinal Nicola 112
Capovilla, Loris 28, 45, 54, 95, 109, 112, 119
Carraro 117
Cerasoli, Flaminio 54
Chiesa, Giacomo Marchese della s. u. Bendikt XV.
Chruschtschow, Nikita S. 20, 114, 130
Cicero, Marcus Tullus 26, 31
Cigognani, Kardinal Gaetano 112
Claudel, Paul 23
Clemens VIII. (Ippolito Aldobrandini) 111
Costantini, Kardinal Celso 107, 110
Cousins, Norman 130

Damaskinos, George 87
Dante da Alighiero 26
Dante, Kardinal Enrico 13, 112
Delay, Jean *93*
De Luca, Giuseppe 9, 20, 66
Dolci, Kardinal 85
Domitian 26
Donizetti, Gaetano 38, 51, 52
Donizetti, Pietro 48
Döpfner, Kardinal Julius 13, *13*

El Greco (Domenico Theotocopuli) 33
Elliott, Lawrence 133
Emerson, Ralph Waldo 115

Faure, Edgar 96
Feltin, Kardinal Maurice 98, 107, 124
Ferrari, Kardinal Andrea 63, 65, 73, *63*
Fisher, Geoffrey 126

Formosus (Papst) 77
Franz von Assisi 84, 132
Franz Joseph I., Kaiser von Österreich 58
Frings, Kardinal Joseph *13*

Galeazzi-Lisi, Ricardo 107
Galli, Mario von 127
Garibaldi, Giuseppe 52
Garrett, Randall 44
Gasbarrini, Antonio 133
Gasparri, Kardinal Pietro 79
Gasperi, Alcide de 76, 102
Gaulle, Charles de 89f, 110, *90*
Gheorgiev, Kimon 80
Gilroy, Kardinal Norman Thomas 107
Giustiniani, Lorenzo 132
Gouin, Félix 96
Gregor XVI. (Bartolomeo Alberto Cappellari) 54
Grosoli, Giovanni Graf 62
Guerry, Mgr. *94*
Guindani, Camillo 46, *44*
Guiness, Sir Alec 105
Gusso, Giovanni 134
Gusso, Guido 112, 134

Hales, E. E. Y. 8, 17, 26, 100, 132
Hausenstein, Wilhelm 95
Hebblethwaite, Peter 9, 119
Heenan, Kardinal John 34
Herriot, Édouard 95
Herzog, Isaac 87
Hieronymus 52
Hldesheimer, Wolfgang 16, 33
Hitler, Adolf 89, 91
Hochhuth, Rolf 30
Höfer 107

Ignatius von Loyola 110

Jesus 20, 30, 33, 53, 84, 105, 113, 127, 138
Johanna, Zarin 84, *83*
Johannes Paul I. (Albino Luciani) 27f, 115, 118
Johannes Paul II. (Karol Wojtyla) 124
Johnson, Lindon B. 136
Jorio, Kardinal Alberto di 112, 114
Joyeuse, Kardinal François de 111

Kalavassy, Bischof 87
Karl Borromäus s. u. Borromeo, Carlo
Kennedy, John F. 114, 130, 136
Ketteler, Wilhelm Emmanuel Freiherr von 61
König, Kardinal Franz 33
Kotljarow, Wladimir 136

Le Chartier 92
Le Corbusier (Charles Édouard Jeanneret) 50
Léger, Kardinal *127*
Leo I. der Große 126
Leo XI. (Alessandro de Medici-Ottaviano) 111
Leo XIII. (Gioachino Graf Pecci) 24, 44, 58, 61, 126, 133, *59*
Leopardi, Giacomo 33
Lercaro, Kardinal Giacomo 34
Le Roy, Édouard 66
Loisy, Alfred 56, 66
Lubac, Kardinal Henri de 92
Luciani, Albino s. u. Johannes Paul I.
Lukull 26

Mai, Kardinal Angelo 31, 33
Manzoni, Alessandro 27, 31, 37f
Manzù, Giacomo 52
Marelli, Luigi Maria 71
Margotti, Carlo 83
Martinelli, Don 49
Masella, Kardinal Aloisi 112, *118*
Matteoti, Giacomo 76
Mauriac, François 10
Mayer, René 96
Mazzini, Giuseppe 17
Mazzoni, Piero 133
Medolago-Albani, Graf Stanislaus 62
Mercier, Kardinal Désiré 63
Merry del Val, Kardinal Raffaele 62, 68
Michelangelo 31
Montalto, Kardinal (Alessandro Peretti) 111
Montini, Giovanni Battista s. u. Paul VI.
Morlani, Graf Giovanni 38, 49
Morlani, Graf Ottaviano 38, 42f
Moses 116
Mozart, Wolfgang Amadé 52
Mussolini, Benito 74, 76, 102

Napoleon I., Kaiser der Franzosen 50
Neri, Filippo 30
Newman, Kardinal John Henry 66

Ottaviani, Kardinal Alfredo 18, 112, 119, *18*
Ottaviano de' Medici, Alessandro s. u. Leo XI.

Pacelli, Eugenio s. u. Pius XII.
Pallenberg, Corrado 33f, 45, 112
Papen, Franz von 88
Parente, Pietro 13
Pastor, Ludwig Freiherr von 30, 31

Paul V. (Camillo Borghese) 112
Paul VI. (Giovanni Battista Montini) 8, 19, 21, 30, 90, 96, 107, 108, 110, 112, 115, 137, *20, 103*
Pavan, Kardinal Pietro 130
Perosi, Lorenzo 61
Pétain, Henri-Philippe 89
Piazzi, Giuseppe 110
Pinay, Antoine 96
Pitocchi, Francesco, 54, 56f
Pius IX. (Giovanni Maria Graf Mastai-Ferretti) 9, 17
Pius X. (Giuseppe Sarto) 25, 30, 36, 58, 60, 61, 62, 66f, 69, 71, 96, 98, 105, 108, 109, 118, *59*
Pius XI. (Achille Ratti) 17, 24, 31, 68, 74, 76, 77, 83, 84, 102, 108, 126, 130, *67*
Pius XII. (Eugenio Pacelli) 13, 21, 23, 24f, 28, 30, 33, 58, 76, 88, 89f, 95, 96, 98, 102, 104f, 108, 110, 112, 114, 115f, 119, 124, 130, 132, 135, *27, 103, 104*
Pizzardo, Kardinal Giuseppe 112
Pleven, René 96
Pompili, Kardinal Basilius 74
Ponchielli, Amilcare 52
Puzyna, Kardinal Johann Kniaz de Kolzielsko 58

Radini-Tedeschi, Giacomo Maria Graf 26, 41, 61f, 68f, 76, 79, 81, *60, 64*
Rahner, Karl 28
Rampolla del Tindaro, Kardinal Mariano 58, 69
Ratti, Achille s. u. Pius XI.
Rebuzzini, Francesco 40, 43f, 46f, 49
Rezzara, Niccolò 62
Rocchi, Filippo 133
Roey, Kardinal Joseph von 112
Roncalli, Adelaida 41
Roncalli, Alessandro (Großonkel) 40
Roncalli, Ancilla (Schwester) 45, 72, 73, 96
Roncalli, Angelo (Großvater) 40, 63
Roncalli, Anna 91
Roncalli, Battista (Neffe) 41
Roncalli, Giovanni (Bruder) 40
Roncalli, Giovanni (Großonkel) 40
Roncalli, Giovanni Battista (Vater) 39, 42f, 45, 47, 49, 80, *41*
Roncalli, Giuseppe (Großonkel) 40
Roncalli, Maria Caterina (Schwester) 40, 45, 72, 73
Roncalli, Marianna Giulia (Mutter) 39f, 42f, 47, 49, 73, 80, 133, *40*
Roncalli, Pietro Martino (Maytino) 35
Roncalli, Teresa (Schwester) 45
Roncalli, Zaverio (Bruder) 45, 72, 134

Roncalli, Zaverio (Großonkel) 40, 45, 46, 49, *47*
Rosmini, Antonio 30
van Rossum, Kardinal Wilhelm 73
Rouquette, Robert 34, 85, 89f, 92
Ruffini, Kardinal Ernesto 13, 119, *13*
Rynne, Xavier 125, 127

Saliège, Kardinal Jules 91
Saragat, Giuseppe 131
Sarto, Giuseppe s. u. Pius X.
Schuman, Robert 102
Schuster, Kardinal Ildefons 51
Schwaiger, Georg 107, 124
Scipio 17
Scotti, Baronin 36
Siri, Kardinal Giuseppe 10, 13, 107, 112
Sixtus V. (Felice Peretti) 116
Slipyi, Kardinal Josef 130
Soubirous, Bernadette 105
Spellman, Kardinal Francis 107
Spolverini, Domenico 58
Staffa, Dino 13
Stalin, Josef W. (Iosif V. Džugašvili) 114
Stendhal (Henri Beyle) 8
Strawinsky, Igor 100
Sturzo, Luigi 75, 102
Suhard, Kardinal Emmanuel 91, 92

Tacci, Kardinal Giovanni 79
Tardini, Kardinal Domenico 90, 114, 116, 119f, 126
Teilhard de Chardin, Pierre 124
Testa, Kardinal Giacomo 88
Theodor von Mopsuestia 21
Thomas von Aquin 66, 79
Tiepolo, Giovanni Battista 52
Tisserant, Kardinal Eugène 107, 112f, 127, 135
Tommaso vom Leiden Christi (Eugenio Viso) 61
Ton, Giuseppe del 137
Toniolo, Giuseppe 62
Tosco, Kardinal Domenico 111
Traglia, Kardinal Luigi 135
Trevor, Meriol 79
Tyrrell, George 66

Urbani, Kardinal Giovanni 89, 117

Valeri, Kardinal Valerio 85, 89, 112
Vaugham, Henry 127
Verdi, Giuseppe 52
Vianney, Johann Baptist Maria 126

William, Franz Michel 9, 57, 63
Wyszyński, Kardinal Stefan 98, 107, 134

Über den Autor

Helmuth Nürnberger, Dr. phil., geb. 1930 in Brüx in Böhmen, Studium der Literaturwissenschaft und Geschichte an den Universitäten Münster und Hamburg. Promotion und Habilitation in Hamburg. (Dissertation «Der frühe Fontane. Politik. Poesie. Geschichte. 1840–1860», Hamburg 1967). Professor an der Pädagogischen Hochschule Flensburg. Privatdozent (Neuere deutsche Literaturwissenschaft) an der Universität Hamburg.

Herausgeber (mit W. Keitel) der «Werke, Schriften und Briefe» Fontanes im Carl Hanser Verlag, München (20 Bde., ^{2}1970ff); Gottfried Keller, «Werke in drei Bänden», München 1978; «Geschichte der deutschen Literatur», München ^{24}1992. Weitere Veröffentlichungen zur deutschen und österreichischen Geschichte und Literatur des 19. und 20. Jahrhunderts. Für «rowohlts monographien» schrieb er auch die Bände «Theodor Fontane» (1968), «Joseph Roth» (1981) und – zusammen mit Karen Baasch – «Oswald von Wolkenstein» (1986).

Quellennachweis der Abbildungen

Aus: Lawrence Elliot, Johannes XXIII. Das Leben eines großen Papstes. Freiburg – Basel – Wien 1974: 6, 11, 22, 47, 55, 57
KNA Pressebild: 13
Aus: Marion von Galli/Bernhard Moosbrugger, Das Konzil: 18, 127, 128/129
Aus: „Bunte", Sonderheft 1963: 16/17, 19, 25, 40, 41, 80/81, 124
Aus: Corrado Pallenberg, Hinter den Türen des Vatikan, München 1961: 20, 103
Giordiano, Rom: 27
Aus: P. Chrysostomus Dahm, Johannes XXIII., Offenburg 1961: 36 li., 60, 65, 72, 78
Martin Lücke, Leipzig: 39, 123
Davide Cugini: 42
Black Star: 43
Meriol Trevor, Pope John, London 1967: 59 u.
Ogliari, Bergamo: 44, 63
Aus: Loris F. Capovilla, «L'ite missa est di Papa Giovanni, Padua 1983: 64, 90, 99, 125, 134, 136
Milzio, Milano: 51
G. Locatelli: 106
Aus: Erich Pecher, Johannes XXIII., München 1968: 67, 137
Aus: Leone Algisi, Johannes XXIII., München 1960: 70
Aus: Johannes XXIII., Erinnerungen eines Nuntius. Freiburg, Basel, Wien 1965: 93
Archiv Preußischer Kulturbesitz, Berlin: 59 o., 83
Agence Photo, Paris: 94
dpa: 97
Camera Press Ltd.: 101, 120/121
Foto Felici: 104
Rowohlt Archiv: 32, 36 re., 69
AP: 118
Aus: Giovanni XXIII., Il pastore. Editione Messagero Padova 1982: 75